本书系山东省社会科学规划研究项目（23CGLJ46）的研究成果

开放式创新平台用户交互与持续贡献行为研究

吉海颖　著

中国财经出版传媒集团
中国财政经济出版社
北京

图书在版编目（CIP）数据

开放式创新平台用户交互与持续贡献行为研究 / 吉海颖著 . -- 北京：中国财政经济出版社，2024. 3

ISBN 978 - 7 - 5223 - 2935 - 2

Ⅰ. ①开…　Ⅱ. ①吉…　Ⅲ. ①企业创新 - 研究　Ⅳ. ①F273. 1

中国国家版本馆 CIP 数据核字（2024）第 055007 号

责任编辑：彭　波　　　　责任印制：史大鹏

封面设计：孙俪铭　　　　责任校对：徐艳丽

开放式创新平台用户交互与持续贡献行为研究

KAIFANGSHI CHUANGXIN PINGTAI YONGHU JIAOHU YU CHIXU GONGXIAN XINGWEI YANJIU

中国财政经济出版社 出版

URL：http：//www. cfeph. cn

E - mail：cfeph@ cfeph. cn

社址：北京市海淀区阜成路甲 28 号　邮政编码：100142

营销中心电话：010 - 88191522

天猫网店：中国财政经济出版社旗舰店

网址：https：//zgczjjcbs. tmall. com

中煤（北京）印务有限公司印刷　各地新华书店经销

成品尺寸：170mm × 240mm　16 开　11. 75 印张　138 000 字

2024 年 3 月第 1 版　2024 年 3 月北京第 1 次印刷

定价：78. 00 元

ISBN 978 - 7 - 5223 - 2935 - 2

（图书出现印装问题，本社负责调换，电话：010 - 88190548）

本社图书质量投诉电话：010 - 88190744

打击盗版举报热线：010 - 88191661　QQ：2242791300

前　言

随着互联网的快速发展，创新范式由传统的封闭式创新逐渐演变为协调内部和外部资源的开放式创新。众多企业纷纷采用开放式创新平台（open innovation platform，OIP）的模式让外部用户参与到企业的知识、产品及服务创造中。OIP 成功的关键在于如何保持用户持续参与平台活动，不断提供创新创意，保持平台有效产出。然而有学者研究发现，大部分全球财富1000 强企业所构建的 OIP，并没有为企业带来所期望的经济收益和回报，包括用户参与度低、缺乏持续有价值的贡献等问题，OIP 用户未能持续不断地参与平台活动，为企业产品或服务创新活动提供有价值的信息是根本问题所在。OIP 的存在和繁荣离不开用户的积极贡献，而好的创意并不是一蹴而就的。已有相关在线社区的研究表明，众筹社区中项目的更新有助于项目的成功。开源社区中，通过对开源软件代码的不断修改与更新，可提升开源软件的开发效率和质量、降低开发成本。可见，用户对提交项目的更新，既是积极参与社区活动的表现，又使高质量创意的产出成为可能。因此，如何激励用户更新创意、持续贡献以保持 OIP 的有效产出，成为企业亟待解决的实践问题。同时，社交互动在用户创意贡献中扮演了重要的角色。通过用户间对创意的交互，创意得到深度讨论及支持，其产生的信息交换、社会交换可能会给创意提交者再度完善创意提供支持与动力。因此，本书针对“交互的过程是如何对用户的创意更新决策产生影响的?”这一问题展开研究。

社会网研究认为，要通过具体的社会关系结构来认识人的社会行为，即行动者会受到关系网络的影响，在一个动态的互动过程中做出行为决定。个体是嵌入在由社会关系所组成的社会网络中的，个体与其他个体之间的关系在动态互动过程中互相影响，自组织形成网络结构，进而对个体行为产生影响。同时，场论可以很好地解释用户交互过程中导致网络中不同的内化过程，即社区网络结构不同，其产生的场力就不同，从而使行动者在不同情境下产生不同的行为。

基于现实及理论背景，本书将开放式创新平台用户交互分为两类：基于意见的交互和基于行动的交互。以“输入—过程—输出”模型为研究框架，围绕“用户交互过程中网络要素的演化是否影响用户持续贡献行为”这一研究问题，基于社会网络分析和场论，分别对交互网络动态演化中关键用户识别、隐性社区形成及演化、用户持续贡献行为及其影响路径展开探讨。其主要包括以下内容。

第一章是绪论。主要介绍本书的研究背景和意义、相关研究的现状，阐述主要研究内容，明确研究方法，总结本书的创新点等。

第二章是文献综述和理论基础。界定基于意见的交互、基于行动的交互两类用户交互行为，以及创意更新持续贡献等相关概念，场论及场力。明确研究范畴，并阐述相关的理论基础。

第三章是开放式创新平台用户交互与持续贡献行为研究模型构建。基于“输入—过程—输出”模型，构建本书的研究框架。用户间基于意见的交互、基于行动的交互两类关系作为“输入”；用户间的互动“过程”是分析个体结构位置的动态变化及所引起整体网结构的变化；用户持续贡献行为作为“输出”。完成个体行动到网络结构演化及其产生的场力又作用到个体持续贡献行为的研究，从过程视角剖析用户交互与用户持续贡献行为的影响关系。

第四章是基于交互网络动态演化的开放式创新平台关键用户识别。本章基于两类不同的交互行为构建三种交互动态网络，使用社会网络分析的中心性表达社交网络中个体在整个网络中所在中心的程度，识别不同时期三种用户交互网络中的关键用户，勾画用户在不同类型交互中的地位、作用及对平台信息传播的参与效果。

第五章是隐性社区形成及演化研究。本章首先对评论网、关注网和组合网三类交互网络的性质进行分析；其次，基于社区发现算法，对比同一阶段三类交互网络中的隐性社区，并利用关键用户标识不同的隐性社区，进一步分析隐性社区的成因及隐性社区在用户交互过程中的演化；最后，完成用户交互过程网络要素的分析。

第六章是用户创意更新的持续贡献行为研究。本章基于场论，探究用户交互过程中相互作用形成的场力对用户创意更新的持续贡献行为研究。实现研究模型中“过程—输出”的影响分析。基于不同类型的场力：能力场力和关系场力，利用负二项回归分析，探讨场力对用户创意更新持续贡献行为的影响，并探求交互过程中不同隐性社区内的场力对用户持续贡献的差异。

第七章是研究结论与展望。对本书研究工作的回顾和总结，给出管理启示，并指出研究不足，提出未来的研究计划。

目　　录

第一章 绪 论

第一节　选题背景与问题提出

一、选题背景

（一）现实背景

2003年，Chesbrough教授在以往研究和实践的基础上正式提出了开放式创新的全新模式，强调组织的边界是开放的、可渗透的，组织可以跨越边界从外部获取知识和创意，从而推动组织的创新活动[1]。开放式创新模式的提出，对组织的影响是深远的。企业不需要为创新建立所有必要的基础设施、雇用所有的研发人员、投入大量资金或承担所有创新的风险。相反，他们只需要通过整合外部资源来促进自己的创新[2]。宝洁、苹果、诺基亚、Intel、IBM等公司依托互联网，充分利用外部资源实现了组织创新的高效运行。例如，宝洁基于Yet2.0.com和InnoCentive.com网站开展联发项目，不再完全依赖内部研发力量，转而大量采用外部创意提供者的成果，实现了企业50%以上创新来自外部力量贡献的新商业模式。IBM也同样利用著名的Linux开源软件社区（Open Source Community）应对UNIX和Windows的挑战，提供世界一流的产品和解决方案，造福于客户，奠定其在技术开源领域中的领导者地位。由此可见，利用IT工具是开放式创新战略的重要部分[1]。互联网技术的迅速发展，包括Web2.0的广泛应用，使组织可以使用有效的IT工具将外部资源整合到创新过程中[3-5]。于是，很多企业以基于IT技术和互联网搭建开放式创新平台的方式来实施开放式创新[6-9]。从技术的角度来看，开放式创新平台（Open Innovation Platform，OIP）是一个基于网络的平台，能够提供数字服务的虚拟环境，聚集公司内部资源（如员工）和外部资源（如用户、供应商、专家）于平台中，围绕企业发布任务、外部资源反馈建议或创新创意，通过多种方式的自愿交互，实现创新创意的产生[10]。OIP基于IT工具和技术，可以有效支撑开放式创新涉及的知识、资源、行为等方面的协同与耦合，突破地域和时空限制，汇聚外部的各种个体或组织，为企业开放式创新提供外部知识资源的支持，对企业降低创新风险和成本、提高创新效率具有重要作用[11]。

2014年、2018年的两份调查研究显示[12,13]，78%的欧美大型企业实施了开放式创新，其中超过50%的企业在2010年左右就将开放式创新作为一种战略，甚至有20%的企业在2003年之前就开始转向开放式创新。随着信息技术日新月异的发展，越来越多的企业结合自身的创新需求建立开放式创新平台。其中，用户是开放创新活动的主要外部资源，它们在企业产品创新及研发过程中发挥着重要的作用[14,15]。例如，星巴克的MyStarbucksIdea开放式创新平台创立于2008年3月，用户积极参与创意贡献，平台拥有20多万条创意，企业受这些创意启发已经发布了1000多项创新方案。戴尔公司于2007年创建开放式创新平台IdeaStorm，让产品负责人直接与用户互动，收集用户的创意，并评选出最受欢迎的创意，IdeaStorm已经收到近3万名用户提交的超过9100个创意，这些创意已被举荐了617000多次，其中超过550个创意和改进意见已经被戴尔采纳。乐高公司为乐高爱好者提供发表创意和意见的开放式创新平台LEGO Ideas，鼓励用户发表他们的创意，分享他们的创作。创立之初到现在已有十余年时间，截至2020年12月，LEGO Ideas平台拥有超过180万注册会员，乐高爱好者已经在开放式创新平台中提出36531个创意作品，有200多个作品获得了1万票的支持，这其中已经有几十套作品推向市场，获得了广大爱好者的喜爱，包括来自美剧《老友记》的Central Perk玩具套装

（该套装在发布几小时内就被抢购一空）、来自 NASA 的土星 5 号火箭套装，以及树屋套装。

同时，海尔、美的和小米等中国公司也建立了自己的开放式创新平台。海尔依托“人单合一”管理模式及“世界就是我的研发部”的开放创新理念，于 2009 年搭建了开放式创新平台——HOPE（Haier Open Partnership Ecosystem），HOPE 平台聚集超过 12 万的创新用户及群体，覆盖了 100 多个的核心技术领域，支持海尔的各个产品开发小组和超前研发活动创造了许多颠覆性产品，如净水洗洗衣机、水洗空调、防干烧燃气灶等，受到消费者喜爱，在市场上迅速成为明星畅销产品。小米公司在 2011 年 8 月正式上线的小米社区，是小米进行开放式创新活动的重要平台。该平台拥有超过 4700 万注册用户，通过各种激励政策鼓励用户参与产品创新，并选取好的创意应用于新手机产品及操作系统等新产品开发中。

由此可见，开放式创新平台在业界受到了广泛关注，然而有学者研究发现，大部分全球财富 1000 强企业所构建的 OIP，并没有为企业带来所期望的经济收益和回报[16]，例如，平台存在用户免费“搭便车”现象[17]。此外，平台用户的贡献行为也不尽如人意，包括用户参与度低、缺乏持续有价值的贡献等[18-20]问题。OIP 用户未能持续不断地参与平台活动，为企业产品或服务创新活动提供有价值的信息是根本问题所在。

（二）理论背景

目前关于开放式创新的研究存在两个经典的流派：第一个流派遵循 Chesbrough 的观点[1]，将开放式创新视为封闭式创新的对立面，研究重点在于对开放式创新给组织的机遇和影响。例如，获取外部专业知识[21-23]、处理知识产权[24,25]、建立战略优势[26]，并总结产生了由外向内开放式创新、由内向外开放式创新和耦合流程创新的新商业模式[27,28]。同时，Chesbrough 从一开始就认为使用 IT 工具是开放式创新的重要组成部分。第二个流派以 von Hippel 为代表，从用户和工具的角度出发，研究重点集中于用户自愿做出贡献的动机[29-33]、创新者的识别[34-40]、用户参与创新的过程[14,41-43]，以及设计开放式创新工具的方法[44]。

Hallerstede 汇总上述两个流派的观点，认为基于信息技术的开放式创新工具构成了 OIP 的基础设施[10]，并从技术角度诠释 OIP 是用作信息交换的虚拟环境，这个环境是为了实施开放式创新而特意集成了基于 IT 的工具。这些工具大多数被实现为基于 Web 的平台[45]，除了 IT 工具外，OIP 设计元素还包括组织者和参与者。组织方是发起开放式创新的企业、非营利机构或个人[46,47]，参与者也称为创新者，包括内部创新者（例如核心研发员工）和外部创新者（例如用户、供应商、专家）[22]。OIP 依赖于这些创新者的自愿参与，并提供基于 Web 的界面作为用户（如创新者）与 OIP 交互的一种方式。这些基于 Web 的平台被定义为提供数字服务的由硬件、软件和服务所组成虚拟环境，允许用户突破时间或位置限制的情况下围绕不同主题进行交互，形成各种组群和社区，产生各种创意或改进建议，以实现开放式创新[11,44,48]。因此，对 OIP 的研究应从 IT 技术和社交两个相互融合的视角入手，这与社会—技术系统理论（socio - technical systems theory，STS）不谋而合。

STS 理论起源于 20 世纪 50 年代早期对英国煤矿工业的观察。Trist 和 Bamforth[49]注意到虽然采用同样的技术创新，但不同煤矿产量存在差异。研究人员发现，实施灵活工作政策的煤矿其产量更高。他们的结论是，应用新技术不足以解释一个煤矿的生产力，并突出了在不同煤矿中基于社交建立的社会结构对产量的影响。随后的研究将 STS 理论应用于各种场景和学科，包括信息系统领域的相关研究和实践[44,50,51]。基于 STS 理论，OIP 分为技术子系统和社会子系统两部分[10]。技术子系统涉及 OIP 的任务和技术。任务与企业开放性及对产品或服务细节要求有关，围绕从创意提出到创意实施的战略目的[52]。技术是用来完成 OIP 任务的，其定义了 OIP 的流程、架构、功能和图形设计并通过技术工具加以实现。广义上说，社会子系统包含用户为什么决定在 OIP 中参与并贡献创意的所有因素，包括他们对该企业的态度和他们的期望。具体来说，社会子系统包括创新参与者的特征、参与者之间的关系及其所形成的结构。结构包括平台的流程治理、规则，尤其是奖励系统。此外，平台用户间的交互也是结构的重要组成部分。由此可见，OIP 用户参与平台活动的过程及其贡献行为的研究需要从 OIP 的社会子系统入手。

近 30 年来，社会网研究在社会学、管理学等领域应用广泛。社会网络理论对社会结构的理解是不同的，它将社会结构视为一个人际关系网，网络中的“节点”代表一个人或一个群组，“边”代表人际关系，以社会网络分析方法分析其结构特征。社会学者从社会网络研究视角提出，要通过具体的社会关系结构来认识人的社会行为，即行动者会受到关系网络的影响，在一个动态的互动过程中做出行为决定[53]。并基于社会网络理论解释这一命题：个体行动者被嵌入社会关系网络中，个体和其他个体在动态的交互过程中相互作用相互影响，自组织形成网络结构，进而对个体行为产生影响[53]。由此看出，社会网研究架起了微观现象和宏观现象之间的“桥”，能将关系如何改变个体行为、个体行为如何影响网络结构等个体与集体的互动过程纳入一个模型中加以解释。

场是物质存在的一种形态，它既是物体相互作用的产物，又是相互作用的媒介和处所。随着经济与管理理论尤其是组织理论的发展，越来越多的学者注意到，在组织中也存在场效应。场论逐步向社会、经济和管理学渗透，学者们提出了“组织场”，认为组织场是从事类似活动并受到声誉和规则压力约束的群体。同时场具有以下特征：在一定的时空范围内可以聚集的空间；场内有场源（各类实体）及各种资源要素，如信息资源、知识资源、关系资源等；场内相关的实体、资源之间相互影响、相互作用，存在特定作用力，即场力。OIP 作为在线虚拟组织，符合场的特性，也可用场论解释 OIP 社会子系统的运作过程。在 OIP 交互网络中，用户之间互动关系不同、不同用户在网络中位置不同、用户在不同社区结构中的相互作用关系与作用力不同，使用户所受场力不同，对其行为的决定会产生不同的影响。场论可以很好地解释个体网络的位置、社区结构的不同所导致网络中不同的内化过程，即社区网络结构不同，其产生的场力就不同，从而使行动者在不同情境下产生不同的行为。

二、问题提出

从前述现实背景可知，根据学者的研究发现，大部分企业所构建的 OIP 并没有为企业带来所期望的经济收益[54]。例如，平台用户参与度低、缺乏有价值的贡献[16,55]。OIP 用户未能持续不断地为企业产品或服务创新活动提供有价值的信息是根本问题所在。OIP 成功的关键在于如何维持用户持续参与平台活动，不断提供创新创意，保持平台的有效产出。然而，好的创意并不是一蹴而就的。已有相关在线社区的研究表明，众筹社区中项目的更新有助于项目的成功[56]。开源社区中，通过对开源软件代码的不断修改与更新，减少代码 bug，可提升开源软件的开发效率和质量、降低开发成本[57]。可见，用户对提交项目的更新，既是积极参与社区活动的表现，又使高质量创意的产出成为可能[56,58,59]。因此，如何激励用户更新创意、持续贡献以保持 OIP 的有效产出，成为企业亟待解决的实践问题。同时，社会交互在用户创意贡献中扮演了重要的角色。通过用户针对感兴趣创意的交互，创意得到深度讨论及支持，其产生的信息交换、社会交换可能会给创意提交者再度完善创意提供支持与动力。“交互的过程是如何对用户的创意更新决策产生影响的?”本书针对该问题展开研究。

从前述理论背景可知，社会网研究认为，要通过具体的社会关系结构来认识人的社会行为。当一个行动者做出一个行为时，他们是在动态互动过程中做出行为决定的。他会不断地与周围的人际关系网络交换和收集信息，并受其获得信息的影响。因此，行动者的行为既是“自主的”，也是“嵌入”在一个由社会关系支配的互动网络中的[53]。网络结构对个体行为是有影响的，个体在网络中的位置和网络结构所导致的网络社区内化过程会产生不同的场力，从而使个体在不同情境下产生差异化的行为。由此社会学者从社会网络研究视角提出“从关系网络的结构和个人在结构中的位置来解释个人的行为”这一命题。本书基于场论和社会网络理论，在 OIP 这一虚拟组织中验证这一命题，围绕社会网络基本要素，将用户交互过程进行深入剖析，并进一步探讨其对用户创意持续贡献的影响。

首先，现有研究多从个体行为角度研究用户间交互，或者把用户交互当作一个整体过程来看待，鲜有研究从过程视角剖析用户交互行为。这种从个体关系建立到社区网络演化的过程中，如何影响用户在原有创意上的持续贡献，有待于进一步发掘。其次，对用户交互的研究多从静态角度，而少有对其动态过程的分析。因此，OIP 管理者要想保证社区高质量创意的产出，只关注用户个体行为是不够的，还必须了解用户交互过程中集体结构演化及所产生的场力对用户持续贡献的影响。只有这样，管理者才能有针对性地鼓励用户积极参与社区互动，通过深度交互提高社区整体内容产出质量。

综上所述，本书对 OIP 用户交互过程中的创意更新持续贡献行为进行深入研究。利用开放式创新平台的时间序列数据，基于两类不同类型的用户交互关系，以过程视角剖析用户交互动态过程中网络要素的变化，及产生的不同场力对用户创意更新持续贡献决策的影响。

第二节 研究目的与意义

一、研究目的

第一，明晰开放式创新平台用户交互过程中的网络要素演变。本书基于不同类型用户交互行为，从社会网络分析三要素入手，基于交互网络动态演化分析识别关键用户并展开隐性社区动态演化过程分析。从中识别由关键用户标识的隐性社区及其演化。这在一定程度上弥补现有隐性社区形成前因研究缺乏的不足。

第二，探求用户交互过程对用户创意更新持续贡献行为的影响机制。以往研究主要侧重于探究用户交互和持续贡献行为之间的直接关系，OIP 用户交互过程的影响则相对被忽略。本书基于过程理论视角，将场论引入 OIP 研究情景，以创意线程为分析层面，深入探究交互过程中用户交互过程中形成的场力对用户创意更新持续贡献行为的影响。

第三，揭示用户交互过程中网络要素对用户创意更新持续贡献的差异影响。选择不同规模及密度的隐性社区进行对用户持续贡献影响的差异检验，并探求交互过程中不同隐性社区内的场力对用户持续贡献的多条件组态和路径。

二、研究意义

如何使用户积极参与平台，持续不断地为企业产品或服务创新活动提供有价值的信息，是开放式创新平台管理的关键问题。本书借鉴“输入—过程—输出”研究模型，基于两类不同类型的用户交互关系，探讨了用户交互过程的网络要素演变及对用户创意更新持续贡献的影响分析。本书的研究意义在于：

第一，用户创意更新的持续贡献行为是用户贡献行为问题在研究领域的纵深扩展。已有对 OIP 用户持续贡献行为的研究大多集中在用户下一阶段的提交新创意的行为上，本书则拓展了持续贡献行为的纵向属性，将用户对已有创意的完善和更新作为持续贡献行为展开研究，这将在一定程度上完善 OIP 用户贡献行为的研究框架。

第二，本书将场论引入 OIP 研究情景，丰富并扩展了用户持续贡献行为研究的思路及理论基础。已有研究多基于社会资本理论、社会交换理论、社会认知理论等多种理论，理论基础繁杂。本书将 OIP 视为信息场，基于场论和社会网络理论，研究用户交互过程中网络结构演化所产生的场力对用户持续贡献行为的影响，为后续更多的在线平台用户贡献行为研究提供新的思路。

第三，本书从过程视角对 OIP 用户持续贡献行为展开研究，探究用户交互过程中社区结构形成及演化对用户创意更新持续贡献行为的影响及条件组态。清楚了解 OIP 用户交互与用户贡献行为的动态作用及影响机制，有助于 OIP 管理者有针对性地制定相应策略，以鼓励与引导用户积极参与在线互动，促进交互的深层次开展，从而提升高质量创意的产出，维持平台的健康发展。

第三节 研究方法与研究内容

一、研究方法论

（一）微观分析与宏观分析相结合

社会网络可分为个体网络、内部子结构网络、整体网络。微观分析是研究个体、群组的行为或子系统的结构，对系统的底层进行梳理研究。宏观分析是从整体视角出发，分析系统整体的特征，是微观的各要素、子系统对整体演变影响的呈现。在开放式创新平台中，微观分析是对平台用户的交互行为进行分析，包括用户评论，关注所形成的评论网、关注网、组合网3种交互网络中节点中心性分析，以及内部子结构网络——隐性社区分析。宏观分析是从网络整体出发，分析隐性社区的拓扑结构及网络演化。本书基于社会网理论构建了开放式创新平台微观行为和宏观行为之间的“桥梁”，用户交互行为既是“自主”的，也会受到整体结构的制约，同时也会改变网络整体结构，微观的分析可以解释宏观的现象。

（二）静态分析与动态分析相结合

静态分析是对于“结果”的分析，动态分析是对于“过程”的分析，动态与静态的结合，是将“结果”和“过程”结合起来，分析“过程”是如何产生“结果”的。开放式创新平台具有开放性和虚拟性的特征，平台用户的流动性比较大，用户之间的关系比较松散，而且用户之间的关系不是一成不变的，而是随着时间动态变化的。因此，通过用户交互关系建立起来的社会网络也不是一成不变的，而是随着用户的规模、用户之间关系的变化而变化的，所以对于这些网络的研究不仅要分析其网络的静态结构，还要对网络的动态演化过程进行分析。

（三）定量分析与定性分析相结合

对任何研究来说，定性分析和定量分析都是最基本的研究方法，两种方法相互补充。系统的特性一般都包含定性特性和定量特性两个方面，在开放式创新平台的研究中，平台创意更新持续贡献行为研究可以通过数据采集分析进行定量分析描述，而有些研究问题无法通过数据采集分析，如组态分析就需要采取定性分析的方式进行研究。定性与定量方式的结合，更加全面、深刻地阐释开放式创新平台用户交互与持续贡献行为的关系。

二、研究方法

（一）文献研究法

此方法主要用在本书的第二、第三章。通过对已有文献的回顾和相关理论的梳理，在总结国内外学者研究的基础上，找出本书的研究空间和研究问题，并创建本书的研究框架，为后续研究提供理论基础。

（二）社会网络动态分析

此方法主要用于本书的第四、第五章。社会网络分析（SNA）是一种社会学方法论，可以用来揭示关系和互动的模式。随着时间的推移，社会网络中用户之间的关系是不断变化的，用户会创建、维持或删除与其他用户的关系，从而改变整个网络的结构。本书使用社会网络动态分析方法，采用 Pajek 和 Gephi 软件，分析不同阶段个体网络用户中心性、内部子结构网络以及用户交互的整体网络，厘清用户交互行为特征、用户交互行为所形成的隐性社区和整体网络的演化。

（三）计量分析法

此方法主要用于第六章。利用爬取的开放式创新平台面板数据，使用负二项回归验证假设，探讨社区结构演化所产生的场力对用户创意更新持续贡献的影响，并对来自差异化隐性社区的用户样本进行分组验证。

（四）定性比较分析

此方法主要应用在第六章，基于“组态”的整体分析视角，采用条件间是互相依赖的这一更符合社会现象的假定，利用基于模糊集的定性比较方法（fsQCA），随时间变化找出条件组态与因变量间因果关系的演化，数据校准后，对真值表进行标准化分析，厘清导致用户创意更新持续贡献行为产生的多种条件组态和路径。

三、主要研究内容

本书基于“需要从社会结构和个人在结构中的位置来解释人的行为”这一社会学命题出发，对 OIP 虚拟组织进行实证研究：用户动态交互过程中网络要素演化对用户创意更新的持续贡献是否有影响，以及影响机制如何的问题。基于文献梳理，将开放式创新平台用户交互分为两类：基于意见的交互和基于行动的交互。“输入—过程—输出”模型为研究框架，围绕“用户交互过程中网络要素的演化如何影响用户持续贡献行为”这一研究问题，基于社会网络分析和场论，分别对交互网络动态演化中关键用户识别、隐性社区形成及演化、用户持续贡献行为及其影响路径展开探讨。本书的主要内容包括以下部分。

（一）概念界定

（1）已有关于在线社区用户交互行为的研究多从交互者身份维度划分交互类型，且大多仅围绕评论或关注单一交互行为，少有同时考虑不同类型交互行为的研究。本书引入消费者行为领域中对社区交互类型的划分，将开放式创新平台中用户的交互行为分为两类：基于意见的交互和基于行动的交互。（2）既有文献对用户持续贡献行为主要集中在用户横向，即下一时期持续提交新创意的行为上，没有充分考虑用户在已有创意上更新的持续贡献行为。本书细化了用户持续贡献行为的概念测量，探讨用户在已有创意上更新的持续贡献行为。（3）将场论应用到在线虚拟平台的应用场景中，分析用户交互过程中相互影响相互作用所形成的场力，分别定义为：能力场力（社会反馈）和关系场力（同行认可、社会临场感）。

（二）引用“输入—过程—输出”研究框架

界定两类用户交互行为：基于意见的交互、基于行动的交互，作为研究框架的输入；用户动态交互演变作为过程；用户创意更新的持续贡献行为作为输出。

（三）用户交互“过程”分析

（1）关键用户识别：基于两类用户交互——基于意见的交互、基于行动的交互，构建评论网、关注网和组合网，划分时间窗口，在动态交互网络中采用中心性测量指标：度中心性、中间中心性和接近中心性计算个体特征指标。识别不同时期三种用户交互网络中的关键用户，勾画用户在不同类型交互中的地位、作用及对平台信息传播的参与效果，为第五章分析不同阶段交互网络中社区结构的形成和演变的分析研究奠定基础。（2）隐性社区分析：首先，对三类交互网络进行拓扑结构分析，确定网络性质是否有差异；其次，使用社区发现算法识别不同交互网络的隐性社区，并比较同一阶段三类交互网络中由关键用户标识的隐性社区，以确定哪类交互对组合网隐性社区形成的影响更大；最后，对组合网隐性社区的演化展开分析，了解其结构随时间变化的特点。

（四）“输出”分析

交互过程对用户创意更新持续贡献行为的影响分析：用户交互过程中基于信息交换、社会交换会产生不同类型的场力（能力场力、关系场力）。（1）基于负二项回归，验证场力对用户创意更新持续贡献的影响，同时检验用户经验的调节作用；（2）基于隐性社区划分结果，选择两组网络规模有较大差异的隐性社区子样本，对比不同隐性社区的场力是否对用户创意更新持续贡献行为有差异化影响；（3）使用定性比较分析，从“组态”视角，找出条件组态与因变量间的因果关系，作为对前因变量作用效果的验证，并进一步厘清交互过程中形成的差异化场力对用户创意更新的持续贡献行为是否存在差异，分析导致用户创意更新持续贡献行为产生的多种条件组态和路径。

本书的主要研究内容如图 1－1 所示。

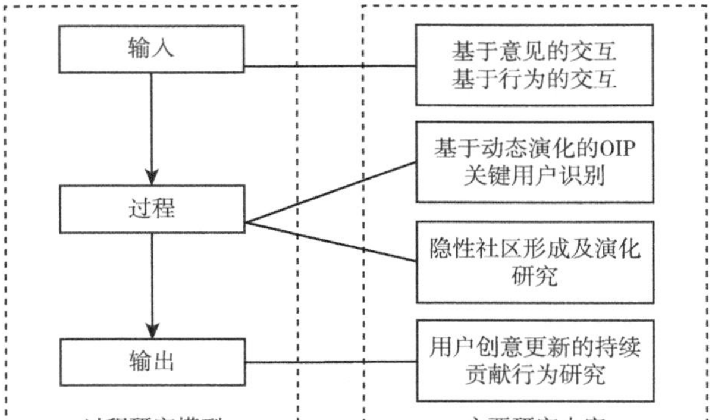

图 1－1 本书的主要研究内容

第四节　主要创新点

本书可能的创新点如下。

（1）拓展OIP用户交互行为、社区结构和用户持续贡献行为研究范畴。本书引入消费者行为领域中对社区交互类型的划分，将开放式创新平台中用户的交互行为分为两类：基于意见的交互和基于行动的交互，弥补了现有文献未对在线创新平台中用户不同交互类型探讨的缺失。同时，本书揭示用户交互、关键用户是隐性社区形成的前因，且基于不同交互所形成的隐性社区的演化特征也不相同，丰富了隐性社区发现的研究框架。此外，本书细化了用户持续贡献行为的概念测量，探讨用户在已有创意上更新的持续贡献行为的影响因素，拓展了创新平台用户持续贡献行为的研究范畴。

（2）提供一个以场论和社会网络理论为理论基础的用户持续贡献行为影响研究的新思路。已有对用户贡献行为或持续贡献行为的研究大多基于社会资本理论、社会交换理论、社会认知理论等诸多理论，理论基础繁杂。本书提供一个新的研究思路，以场论和社会网络理论为理论基础，将OIP看作信息场，识别不同网络结构的能力场力和关系场力。基于社会网络理论三要素：关系、行动者、网络，采用社会网络动态分析，在不同交互网络中（关系），识别关键用户（行动者），探究隐性社区（网络）的形成及演化对用户创意更新持续贡献行为的影响，为深入研究用户持续贡献行为开辟新方向。

（3）从过程视角剖析用户创意更新的持续贡献行为的影响机制。鲜有研究从过程视角剖析用户交互对持续贡献行为的影响机制，且对不同社区结构对行为的动态影响这样的核心问题聚焦不足。本书基于前人提出的用户创新贡献行为更多受平台内部社会环境影响的结论，采用“输入—过程—输出”研究框架，基于面板数据，从过程视角研究平台内用户间交互过程对用户创意更新持续贡献行为的影响机制，挖掘用户创意更新的持续贡献行为内在的“黑箱”机制。这将在一定程度上弥补现有研究无法很好地解释用户由于交互而产生的社区结构差异对持续贡献行为影响机制的不足。

开放式创新平台用户交互与持续贡献行为研究

Chapter 2

第二章 文献综述与理论基础

第一节　开放式创新平台

一、开放式创新平台概念界定

（一）概念界定

开放式创新的研究存在两个主要的流派：第一个流派遵循 Chesbrough 的观点，从组织层面研究开放式创新给组织带来的机会和影响。该流派将开放式创新视为封闭式创新的对立面。在知识经济的今天，企业很难仅仅依靠自身的力量进行创新活动，在产品和服务开发过程中需要与外部利益相关者展开广泛合作，从外部获得创新所需要的创意及技术。且该流派学者认为利用 IT 工具是开放式创新战略的重要部分[1]，互联网技术的迅速发展，让组织可以使用有效的 IT 工具将外部资源整合到创新过程中[3-5]。开放式创新研究的另一个流派是以 von Hipple 为代表的学者，他们基于个体层面，从用户和工具的视角出发，认为用户通常是创新的来源（其他创新来源还有制造商、供应商等），特别是组织中最具创新精神和最活跃的领先用户。此外，IT 工具也在开放式创新中发挥着重要作用[14,60-62]。

两个研究学派的重叠之处在于对 IT 技术及工具的认可，认为信息系统的使用是产品和服务开放式创新的关键催化剂[63]，实施开放式创新的有效途径就是基于 IT 技术和工具创建开放式创新平台。目前学术界给出众多的 OIP 界定：Di Gangi 和 Wasko（2009）[64]认为，OIP 是分布在不同地域的个体基于互联网展开交互，共同寻求问题的解决方案或创新方案。Schröder 和 Hölzle（2010）[65]给出了另一种解释，他们认为 OIP 是由许多有共同兴趣的个体为一个共同的创新目标聚在一起——找到一个新的且有一定创新性的产品解决方案。曾庆丰等（2012）[66]从组织架构的角度，将 OIP 分为由企业自建的开放式创新平台和由第三方运营的中介式开放式创新平台，并以宝洁的“C&D”和 InnoCentive 为例介绍两种模式的运营机制。Hallerstede（2013）[10]将开放式创新平台定义为组织者（如营利性组织或非营利性组织）发起的虚拟环境，使创新寻求者和解决者在时间和地点上独立地、自愿地互动，创造创新成果。

从前人对 OIP 的界定可以看出，OIP 具有以下几个基本特征：第一，虚拟性：OIP 是一个基于 IT 技术所构建的虚拟的数字平台，地理位置分散的用户不受时间和地域限制而汇聚于此。第二，目标性：OIP 旨在吸引尽可能多的外部创新用户参与到平台的创新活动中来，这将为企业提供更多优秀的产品或服务创新（Stephen et al.，2016）[67]。第三，开放性：OIP 突破企业边界，面向大众，并非企业组织特定人群进行参与。参与者也称为创新者，包括内部创新者（例如核心研发员工）和外部创新者（例如用户、供应商、专家）[22]。OIP 依赖于这些创新者的自愿参与。第四，交互性：用户基于平台中 IT 组件所提供的功能，展开互动、协作，实现合作创新、共享与互惠。

基于此，本书提出对开放式创新平台的定义为：基于网络、能够提供数字服务的虚拟环境，聚集企业内部资源（如员工）和外部资源（如用户、供应商、专家）于平台中，围绕企业发布任务、外部资源反馈建议或创新创意，通过多种方式的自愿交互，实现创新创意的产生。且本书所研究的 OIP 主要指企业自建的形式。

（二）OIP 组成

Hallerstede（2013）[10]根据社会技术系统理论，将 OIP 的组成分为技术子系统和社会子系统。社会技术系统理论起源于20世纪50年代早期对英国煤矿工业的观察。Trist和Bamforth[49]注意到一个共同的技术创新，即长壁法的应用，导致了不同煤矿的不同产量。在一些矿山，伴随着技术革新而来的是新的“一人一工作”政策，这一政策保证了工人们比以前采用死板的工作组有更多的自主权和更灵活的工作分配。研究人员发现，即使采用相同的开采技术，实施这一政策也能提高煤矿的产量。他们的结论是，应用技术本身不足以解释一个煤矿的生产力，并突出了在不同煤矿中建立的社会结构的影响。进一步研究得出的结论是，将组织视为“开放的社会技术系统”，有助于更真实地了解它们如何受到环境的影响并能够对其采取行动，这进一步拓宽了对社会技术系统的应用情景。从那时起，STS理论被广泛应用于各种环境和学科，包括IS研究和实践。

OIP的技术子系统涉及组织的任务和完成任务的技术。任务与企业开放性及对产品或服务细节要求有关，围绕从创意提出到创意实施的战略目的[52]。技术是用来完成OIP任务的，其定义了OIP的流程、架构、功能和图形设计并通过技术工具加以实现。社会子系统从广义上说，包含用户为什么决定在OIP中参与并贡献创意的所有因素，包括他们对该企业的态度和他们的期望。具体来说，社会子系统包括创新参与者的特征、参与者之间的关系及其所形成的结构。结构包括平台的流程治理、规则，尤其是奖励系统。此外，平台用户间的交互也是结构的重要组成部分。OIP组成见图2－1。

开放式创新平台由对创新成果感兴趣的企业发起。通常，组织者将OIP专门用于特定一个主题——围绕企业产品或服务创新。主题即是OIP的输入，在主题的限定下，OIP设置不同的任务及平台管理机制。创新参与者大多自愿投身OIP中，根据自己的兴趣或特长，选择某一任务，在合适的时机提交创意，由此开启

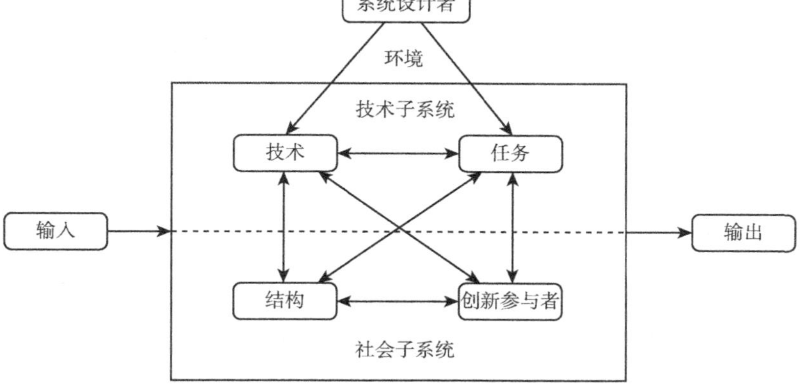

图 2－1　社会技术系统理论视角下的 OIP 组成

OIP 创意线程层面的创新过程。创新参与者基于 IT 组件，针对创意进行交互，包括但不限于评论、点赞、评分、关注、浏览等。为了促进参与和交互，OIP 还建立激励机制，可以选择货币或非货币激励，并根据参与者的需要进行调整。参与者在不断交互的过程中逐步形成平台规范及具有社群性质的社会网络结构。当参与者提交的创意满足或不能满足企业的需求时，创意线程层面的创新过程结束，被企业采纳的创意即为 OIP 的输出。如果有一些实用的创意或想法，没有达到令企业满意的程度，则可能会出现一些过程迭代，允许参与者进一步修正或完善，直到达到更高级的结果或任务终止。

二、开放式创新平台相关研究现状

作为互联网时代具有典型开放式创新特征的信息系统，OIP 在实践和理论界受到了广泛关注。OIP 的核心价值在于利用吸引外部用户参与企业创新来提升企业创新绩效，因此用户持续不断地参与知识贡献和交流互动，是 OIP 赖以生存和持续发展的基础。目前关于开放式创新平台的相关研究大多聚焦于 OIP 社会子系统的范畴，主要从参与主体、平台运营和知识管理三个层面展开。

（一）参与主体层面

平台用户是 OIP 重要的创新参与者，是平台持续发展的保证。聚集在平台中的用户既是创意的传播者，更是创意的产生者，对平台用户进行有效的组织和激励，促进其积极参与平台交互和创意产生，势在必行[68]。目前对 OIP 参与主体的研究多从领先用户、用户交互和用户贡献行为三个视角展开。

1. 领先用户视角

用户是典型的创新源，特别是用户中最具创新能力和影响力的领先用户在开放式创新中发挥了重要作用[14,60-62]。领先用户最早由 von Hippel（1986）[14]教授提出，他认为领先用户能够比市场上其他用户早数月甚至数年发现新需求，并且希望从满足新需求的解决方案中获益。已有关于领先用户的研究分为领先用户特征和领先用户识别两个维度。

von Hippel（1986）[14]、Frank 等（2006）[61]、Morrison 等（2004）[30]、Jeppesen 等（2009）[69]、Belz（2010）[70]、Pajo 等（2013）[71]认为领先用户相比非领先用户有多个显著特征：具有领先于普通用户的需求；具有强烈的创新动机；具备丰富的产品知识和使用经验；期望从需求解决方案中获得高收益；具有意见领袖的潜质；具有参与性；比普通用户更快地采纳新产品。原欣伟等（2017）[72]基于领先用户特征，采用随机森林分类的方法构建领先用户识别模型，并在小米 MIUI 论坛进行实例分析。王楠等（2019）[73]选择领先用户的两个特征：领先市场趋势和高期望收益，探讨了领先用户特征对知识共享水平的影响，并深入分析了用户社会资本在两者之间的中介作用以及自我效能的调节作用。郑晓霞和李志强（2021）[74]研究了领先用户特征对创新知识共享行为的影响，并探讨了共享动机的中介作用及信息资本的调节作用。

在领先用户的识别的研究中，有基于海量搜寻的“群体筛选法”[14]、“用户行为特征法”[30]、“网络用户搜索法”[75]等传统方法。然而这些方法都需要依赖问卷或访谈调查，费时费力，成本高且效率较低，在一定程度上还会产生系统偏差。随着互联网技术的发展，学者们相应地开发了一些基于网络的领先用户识别方法。Brem 和 Bilgram（2015）[76]将网络志法和众包法用于领先用户识别。网络志法通过对创新社区的长期观察来分析用户的特征，是一种定性研究方法。众包法则是指企业根据用户在众包任务中提交的创意和反馈，确定其是否具备领先用户特征。王莉等（2019）[77]根据需求领先力、活跃表现力、社区影响力三个领先用户特征，采用改进的网络志方法，将定性的网络志和定量的数据分析结合，构建了识别领先用户的框架并进一步做了实证分析。梁若愚等（2019）[78]提出一种基于用户在线行为与贡献内容分析的领先用户识别方法：首先，构建了评价社区成员领先性的研究指标体系；其次，使用模糊层次分析法计算每个评价指标的重要性权重，并形成指标值参考序列；最后，利用灰色关联分析计算候选用户指标序列与参考序列之间的关联度，根据关联度值对用户的领先性进行排序，进而识别出领先用户群体。付轼辉等（2019）[79]从语言风格的视角出发，通过内容分析法探索了创新社区中领先用户表达的典型语言风格特征，从而识别 OIP 中的领先用户。单晓红等（2021）[80]基于指数随机图模型的链路预测方法识别 OIP 的领先用户，并以华为产品定义社区为例进行实证研究。

2. 用户交互视角

企业成立 OIP 的目的就是利用 IT 技术，开放组织边界，吸引外部用户参与虚拟平台活动，围绕企业产品或服务的创新进行“头脑风暴”。OIP 是一个平台，用户通过平台，积极参与交互，实现虚拟空间的头脑风暴，以碰撞出优质的想法或解决方案。因此，用户交互是推动创意质量和企业创新的有效方式[62]。OIP 用户交互视角的已有研究主要从用户交互类型和用户交互内容入手。

用户交互类型的研究主要根据交互者的身份维度划分在线交互。王莉、任浩（2013）[81]将 OIP 的用户交互分为用户与用户、用户与企业之间的交互。Wang 等（2018）[82]研究了创意提交者和支持者之间的互动对众筹项目成功的影响。刘倩和孙宝文（2018）[83]从交互者身份维度，细分了用户、同伴、企业专家三方之间的交互行为，证明角色差异形成的不同互动对创意质量的影响效应也不同。张宁等（2021）[84]用评论量、浏览量、支持量测量用户与用户间交互，企业回复信息熵、长度、情感强度测量企业与用户间交互，进一步探讨用户与用户间、企业与用户间的两类交互对创意采纳的影响。

用户交互内容的研究主要围绕交互信息和社会交换展开[85]。交互信息主要指有具体文字或图片的，以评论、回复或反馈形式呈现的交互，而用户在交互中除了交换信息外还存在社会关系交换。如在企业 OIP 中，用户提交创意之后，其他用户对该创意知识展开评论，或直接投票表示支持，还有部分用户可以关注、点赞创意甚至一直追踪其发展变化。这些基于关注、支持的交互实际上就是交换社会关系的过程。已有用户交互内容的研究包含基本围绕评论、回复或反馈这一类交互信息的探讨，如 Chan 等（2015）[86]发现用户与用户、用户与企业间的评论的数量及频率对用户后续的创意提交有显著影响。也有基于社会交换的研究，如

Moqri 等（2018）[87]发现开源社区中用户关注行为对其他用户的贡献水平有正向影响。庄倩等（2020）[88]研究在线社区用户与用户之间的关注交互对社会标注的影响，发现不同交互特征的用户间的社会标注行为存在显著差异。

3. 用户贡献行为视角

OIP 用户贡献行为，也可理解为知识贡献行为。用户的知识贡献是 OIP 存在和发展的决定性因素之一，也是 OIP 的核心资源之一。Jeppesenh 和 Laursen（2009）[69]指出，在创新社区中，用户的知识贡献对企业创新起着重要的作用。目前，学者尚未对“知识贡献行为”的定义达成一致，有的学者（如 Nov 2012[89]）认为，提供信息的行为就是知识贡献行为；还有部分学者认为创造新知识的行为是知识贡献行为[90]。Von Hippel（2007）[91]认为，企业产品创新活动过程中需要在线用户提供两类信息，即用户使用产品或服务后的需求和能满足这些潜在需求的解决方案。Magnusson（2009）[92]将在线社区用户的贡献行为界定为用户针对公司产品或服务存在的问题，提出某些可行性的解决方案的行为。Ma 和 Agarwal（2007）[93]将知识贡献定义为虚拟社区平台中个体贡献知识、参与知识创造、进行信息分享的一种行为过程。周军杰（2015）[94]认为，在线社区中用户知识贡献指提供知识与经验、协助企业解决问题等。

已有研究分别从动机、交互、治理机制多个视角展开对用户知识贡献的影响研究。Frey 等（2011）[95]探讨了 OIP 用户的参与动机和知识水平对其贡献行为的影响，发现外在动机往往会导致用户非实质性的贡献，而内在激励和知识的多样性则会促进用户的创新贡献。Chan 等（2015）[86]从社会网络视角分析发现用户间交互、用户与企业的交互都会对用户持续提交新的创意有显著影响。郭伟等（2018）[96]认为用户间交互反馈的数量、质量与个体贡献度分别是正相关和负相关，且情感不起调节作用。Mahr 和 Lievens（2012）[97]发现在线社区用户贡献的价值产生于用户解决问题的能力，该研究定性分析了在线用户贡献的行为表现特征，提出将社区在线用户贡献行为区分为主动贡献和反应贡献两种行为，但并未探讨两种贡献行为的形成机理。秦敏等（2015）[16]提出复杂适应系统理论的研究框架并构建在线用户贡献行为影响因素模型，探讨了开放式创新中用户主动贡献和反应贡献的形成机理，对企业开放式创新平台用户的贡献行为展开实证分析。顾美玲等（2019）[98]认为促进式与约束式治理机制在促进用户知识贡献行为方面均有积极的作用。迟铭等（2021）[99]研究发现，社区构建、社区激励与信息保护能够直接驱动虚拟社区的知识共享行为。

（二）平台运营层面

除了用户自身的创造力特质外，平台环境也会影响用户的创造力（Taggar，2002）[100]。由于，OIP 存在用户参与度不高、创新质量良莠不齐等不利因素，许多学者致力于从平台运营视角开展如何运用有效治理机制管理 OIP，建立良好平台氛围的研究，指导实践界激励用户积极参与创新，获取更有价值的创意，更好地运营 OIP。目前对 OIP 运营的研究多从平台治理、激励机制和创新绩效三个视角展开。

1. 平台治理视角

OIP 是一种开放式的在线平台，缺乏传统组织的正式架构、制度约束和货币激励，且平台用户大多以匿名方式参与平台活动（王永贵和马双，2013）[101]，缺乏面对面的交流与沟通，用户更容易受到机会主义的影响，这为 OIP 增添了更多的风险和不确定性。有效的治理机制对平台健康、持续发展有重要战略意义，对企业战略决策和创新绩效有着重要的影响[102-104]。OIP 治理的目标在于鼓励在线用户不断提高创意分享的质量和效率，约束和重塑用户行为，减少机会主义风险[105]，不断吸引新用户加入，持续提高 OIP 平台创新绩效[98]。

Wareham（2014）[106]认为设计有针对性的治理机制，可以使用户间差异化的个体利益得以调和，同时实施有效的激励可以促进用户的贡献行为。郭韬等（2019）[107]发现，不同制度环境对于企业创新绩效的影响效果不同。Ivaturi 和 Chua（2019）[108]的研究认为，在线社区管理的关键在于建立规则或规范，并结合案例研究分析了管理者如何建构有效的在线社群规范。顾美玲等（2019）[98]将 OIP 治理机制划分为促进式治理机制和约束式治理机制两个维度。其中，协同和激励机制属于促进式治理机制；监督和规范机制属于约束式治理机制。促进式治理机制促使社区成员甘于进行知识贡献和信息交流；约束式治理机制可减少社区成员的机会主义行为，维持社区稳定性。通过两个不同作用方向的治理机制，共同维护平台运营。张晓娟、周学春（2016）[55]提出三种虚拟社区治理策略：社区构建、社区监管和社区教育，发现不同的治理策略通过不同的路径和机制影响用户的知识贡献行为。迟铭等（2020）[99]提出了基于正式制度的契约治理机制和基于非正式隐形关系规则的关系治理机制，并发现两种治理机制对用户知识贡献行为均有显著正向影响。

2. 激励机制视角

在开放式创新平台中，如果没有对参与者的有效激励，平台很难持续维持活跃状态，因此学者们从如何吸引和激励参与者的角度对 OIP 展开了研究。参与者的参与动机往往会被组织者使用的激励机制所诱发。为了更好地激励用户参与，很多平台提供了诸如物质奖励、荣誉称号等有效的激励机制[109]，吸引用户持续参与到创新平台的活动中。OIP 激励机制是指企业为激发创新参与者而设置的各种有形的奖赏和无形的荣誉，即激励机制分为物质激励和非物质激励两类。

Chen（2012）[109]、王莉（2018）[110]在两类激励机制的基础上将 OIP 的激励机制细化为三种：物质激励是为了满足参与者的基本物质需求，用经济手段激发人们参与创新；社区认可激励是在平台设置专家榜单、荣誉标识，满足参与者寻求归属感的心理诉求；活动等级激励属于高级阶段的需求，平台通过不断开放更高等级的权限并设置更具挑战性的任务，通过与量化积分挂钩的方式，满足参与者成就动机的需求。Bullinger 等（2009）[111]指出，在企业社区中通过物质奖励等手段，激励更多的参与者参与创新，从而使企业社区保持活跃状态。Saxton 等（2013）[112]指出，开放式创新中的奖励制度、用户评级系统对组织的产品创新、创意产生有重要的促进作用。Cavusoglu 等（2021）[113]发现，虚拟勋章可以有效激励用户参与社区活动，且不同等级的勋章对用户的激励效果不同。

不同 OIP 的激励机制设计不尽相同，对如何选取合适的激励方式才能更好地吸引和激励参与者，不同学者有不同看法。Frey 等（2011）[95]指出，在开放式创新平台中，货币奖励会催生大量非实质的创意，而用户对贡献的内在享受是创意的更大源泉，以指导企业更大限度地吸引潜在的、有价值的参与者加入企业创新进程中。Jeppesen 和 Laursen（2009）[69]则强调企业应识别领先用户，对领先用户和非领先用户采用不同的激励措施，确保领先用户能够持续参与创新活动。夏恩君等（2017）[114]认为，企业应该采用灵活多样的激励机制，OIP 要根据贡献的难易程度、完成时间、用户忠诚度等条件设置差异化的激励机制，如小米网络平台、戴尔的开放式创新平台 Ideastorm 的用户多是其产品的忠实用户，对他们应在物质激励的基础上加强非物质激励。

3. 创新绩效视角

OIP创建的目的就是服务于企业开放式创新，让企业以更低的成本、更快的速度获得创新成果，因此创新绩效是衡量OIP成功与否的重要指标。OIP创新绩效的相关研究大多从创新效率和创新效益两个方面展开，包括新产品开发的速度、新产品的质量、新产品开发成本和新产品销售收入占销售总额的比重[115,116]。

Füller（2006）[117]从创新效率维度分析了基于OIP进行产品创新带来的潜在价值：提高产品创新能力、加速创新过程、降低新产品开发成本等。Dong和Wu（2015）[118]从创新效益视角，基于戴尔和星巴克的面板数据集检验了OIP对企业价值的影响，发现选择用户创意用于创新开发和通过OIP推广被开发创新的能力，显著增加了公司价值。解学梅、王丽君（2019）[119]基于新产品开发速度、新产品开发成本和新产品开发质量三个维度，挖掘在线社区用户参与新产品开发过程对创新绩效影响的内在机理。Wu等（2021）[120]从创新效率和效益两个方面入手，用新产品数量、重大改进产品数量、专利授权数量和新产品利润率4个指标来度量创新绩效，发现用户参与深度与公司的创新绩效之间存在正相关关系，市场动荡和竞争强度正向调节这种关系。此外，蔡宁和闫春（2013）[121]认为，OIP绩效是一个多维结构，绩效不应仅局限于财务指标。他们从财务和战略两个角度拓展了开放式创新绩效的概念，在已有的研究基础上增加了创新潜力、创新管理能力、创新文化氛围、管理创新、竞争地位5个战略绩效测度。

也有学者认为OIP的创新绩效差强人意，Jaweci（2011）[18]观察到社区中大多数用户属于“潜伏者”，象征性地参与社区活动却几乎没有做出任何贡献。只有约1%的用户是高度活跃用户，这些高度活跃用户具有一定的创新贡献且广受尊重。同时只有10%～15%的用户会定期参与平台的创新活动。在这种用户参与度不高的情况下，创意方案的价值也不高，仅仅是对市场上已有产品的微小调整，而且在技术创新方面也都是初级水平，距离产品研发上市还有很大的差距。

（三）知识管理层面

从知识管理视角来看，OIP本质上是企业及其他知识主体组成的知识联盟。用户在OIP中根据兴趣爱好，自愿集聚，参与企业创新。在与企业及其他用户互动过程中，通过发帖回复、分享、沟通等多种方式，创造和吸收社区内知识。这些知识能够反映用户的主要研究领域[74]。同时形成了企业OIP创意筛选和采纳的资源池。OIP知识管理相关研究主要从用户生成内容和创意价值两个角度进行归纳。

1. 用户生成内容视角

OIP不仅是企业进行开放式创新的平台，也是参与创新的用户制作、发布、传播创新创意的重要渠道，用户生成内容（User－Generated Content，UGC）成为OIP最重要的信息源。大多数学者在实际研究中往往倾向于采用广义的UGC概念，如UGC是由公众在数字环境中提交的内容，而不是由网站工作人员提供的，这些内容是用户原创或用户从其他来源复制而来的[122]。赵宇翔等（2012）[123]认为UGC是指用户生成的文本、图像、声音、视频和其他以任何形式发布在互联网上的内容。

在基于互联网的开放式创新模式下，OIP成为外部用户通过创造UGC参与企业内部创新的重要平台，企业通过搜索、获取、整合与利用平台UGC对现有知识资源进行优化配置，以提高自身的创新能力或绩效（Li，2016）[124]。目前关于UGC在企业创新领域中的研究主要集中于OIP创意管理问题。例如，Jelonek等(2013)[125]提出了基于OIP特征和语义的系统分析技术来挖掘和管理OIP中的UGC，并从中发现具有潜在价值的知识或问题解决方案。Martinez－Torres等（2013）[126]利用潜在语义分析技术对OIP的UGC进行数据挖掘，发现社区偏好的压力对决策有一定影响。Lee等（2018）[127]为了解决企业OIP中信息过载问题，使用TF－IDF和情感分析等文本挖掘技术对星巴克My Starbucks Idea平台中用户生成内容展开分析。研究发现，术语和非术语特征在预测用户创意的采纳有效性方面发挥着重要作用，并提出了一个推荐系统，以有效缓解OIP中的信息过载。Olmedilla等（2019）[128]提出了用共线微分的方法来筛选及发现有价值的创意并识别用户的偏好需求，弥补了以往文本挖掘方法不能涉及独特属性识别的不足。Huang（2017）[129]认为，社交媒体的整合会增加用户的感知相关性，因此他会为潜在的社会利益或声誉收益而贡献更多的UGC（评论）。吴增源等（2021）[130]融合知识管理、生态学理论，从知识开放视角深入探讨开放式创新社区集体智慧涌现的内在机理。

2. 创意价值视角

创意（Idea）是指OIP中各利益相关者为原有产品改进或新产品研发提供的创新观点或解决方案[43]。用户创意价值对企业创新及新产品的研发至关重要。因此，很多学者针对OIP用户创意价值展开研究。Schweisfurth（2107）[131]认为创意价值包含创意数量与创意质量两个重要维度。王楠等（2021）[43]认为创意价值需要经由创意评估过程进行评判。该过程分为两个阶段：第一阶段用创意数量衡量创意价值；第二阶段认为创意数量、质量均为创意价值体现，因此用创意数量、质量两个维度来评估创意。还有部分学者认为，被企业采纳并实施的创意，是质量较高的创意。

虽然学术界对创意质量的评估标准并未达成一致，但都认为不能用单一标准去衡量[132]。

Westerski 等（2013）[133]为了实现创意评估的准确性和及时性，构建了相应的创意分类方法和评价指标，并结合 Starbucks、Cisco、Ubuntu 和 IdeaStream 四个平台实例，验证了评价指标的可靠性。王楠等（2021）[43]从新颖性、可行性、相关性和明确性四个维度评估创意质量。Hossain 等（2015）[134]将创意分为连续型创意（Linked Ideas）与独立型创意（Sole Ideas），分析发现独立型创意比连续型创意采纳或实施得更快，但独立型创意比连续型创意需要花费更长的时间、获得更多的积分才会被企业实施。Li 等（2016）[124]验证了创意流行度（Idea Popularity）与创意实施存在正相关关系；创意长度（Idea Length）与创意实施存在负相关关系。Schemmann 等（2016）[135]的研究表明，创意的创新性和流行度对创意实施产生积极影响。王莉和任浩（2013）[81]研究了"消费者—企业"互动的群体创造力，指出消费者之间的互动具有数量上的创新优势，而企业与消费者互动具有质量上的创新优势。

三、研究述评

目前关于开放式创新平台的相关研究大多聚焦于 OIP 社会子系统的范畴，包括创新用户的特征，参与者之间的关系及其所形成的结构，平台用户间的交互，平台用户生成内容及创新，平台的流程治理、规则和奖励系统。梳理来看，相关研究从参与主体、平台运营和知识管理的三个层面展开，涉及的研究主题丰富，涵盖较全面。但仍然缺乏对用户之间的互动过程及互动产生的效果的深入剖析。同时，关系网络的结构如何影响用户行为的研究在"静态"社会网络分析中初见成果，但网络动态变化中结构如何形成与演化，及其对行为的影响研究还不多见。因此，需要从过程视角，基于“动态”分析来探究用户在网络中的位置及网络结构演化对用户行为的影响。此外，从研究方法来看，现有研究大多采用传统的问卷法提供的主观评价数据，通过建立结构方程模型探究影响变量与用户行为之间的内在作用机制；部分研究虽然采用网络爬取的客观数据，但分析方法往往是数据导向的描述性统计分析或回归分析，缺乏理论基础的支持。只有极少数研究采用网上爬取的大样本客观数据，利用相关计量经济学模型进行假设验证。

第二节 开放式创新平台用户交互

一、开放式创新平台用户交互概念界定

交互是指交流互动，是人们传递符号、信息、分享感情的过程，是通过语言和非语言信息的交流，相互影响的过程[136]。在社会学理论研究中，交互一词又被称为社会互动、社会交往，是指社会上个人与个人、个人与群体、群体与群体之间通过信息传播而发生的具有互相依赖性的社会交往活动[137]。Blattberg 等（1991）[138]认为交互就是个人与组织之间不受时间和空间影响彼此之间进行直接沟通的方式和手段。Noort 等（2012）[139]从营销学视角对交互进行了探讨，认为交互可以体现新社交媒体和传统媒体的区别，并从三个维度定义交互。第一个维度是双向沟通，指的是组织和网站用户之间以及网站用户之间相互沟通的可能性，如论坛和电子邮件地址的超链接等功能促进了品牌网站的双向交流。第二个维度是主动控制，指的是网站用户能够影响交流过程的程度，如语言选择、下载功能和交付跟踪系统等功能使品牌网

站能够进行主动控制。第三个维度是同步性，指双向沟通是一个同步的过程并实时发生的程度。同步性取决于互联网连接的速度和可靠性。邓小昭（2003）[140]定义交互行为是指用户与用户之间以互联网为交流平台，以数字内容为传播对象，在线交流信息的行为。杨友娣、邓胜利（2014）[141]认为，在用户交互需求与交互动机的影响下，基于用户共同感兴趣的内容而产生的发布、评论、点赞、转发和分享等行为就是用户交互。Hausman 和 Bagozzi（2006）[85]认为交互的核心是信息交换和社会交换。交互信息主要指有具体文字或图片的，以评论、回复或反馈形式呈现的交互，而用户在交互中除了交换信息外还存在社会关系交换。如在企业 OIP 中，用户提交创意之后，其他用户对该创意知识展开评论，或直接投票表示支持，还有部分用户可以关注、浏览创意知识甚至一直追踪其发展变化。这些基于关注、支持或浏览的交互实际上还存在交换社会关系的过程，如吴江等（2017）[142]基于行动者随机模型，使用社会网络演化分析验证了用户更倾向于与朋友的朋友建立关系。在消费者行为领域，有些学者（Wasko[143]，2005；Wang[82]，2018）将消费者在社交平台上的互动分为两类：基于意见的交互和基于行动的交互。前者多指电子口碑或用户在线评论，后者是指产品的购买次数或软件下载量。基于意见的交互对应以交互信息为主的用户交互，基于行动的交互对应社会关系交换的交互行为。

在互联网技术飞速发展的当今，社交媒体主导着人们的生活方式，同时也改变了公众与社会之间的互动方式。交互在支持媒体、个体与社会之间的交流方面发挥着关键作用[144]，同时，社交媒体提供各种各样的社交互动功能，如发布文章、评论、转发、收藏、点赞、关注、分享等[145,146]，让人们与朋友、亲属、同事甚至陌生人建立联系，产生多种社交互动行为[147]。OIP 就是具有社交媒体功能的平台，平台中存在很多用户交互行为：用户可以提交创意项目；可以对其他创意进行评论；可以关注他感兴趣的创意，随时关注创意的进展；还可以对他喜欢的创意点赞，表示支持。基于前人的研究及总结，本书将开放式创新平台用户交互行为界定为所有创新用户在平台上发布创意、评论、关注、点赞或分享的互动。

二、开放式创新平台用户交互相关研究现状

用户交互涉及交互对象和交互内容的选择，OIP 用户交互视角的已有研究主要从用户交互类型和用户交互内容入手。多数研究从交互者身份维度划分交互类型，且大多仅围绕某单一特定交互内容，如评论或关注。

（一）不同交互主体间基于评论、回复或问答的交互行为研究

邱均平等（2012）[148]基于微博中的评论、回复探究博主与评论者形成的交互网络；蔡志斌等（2016）[149]基于提问者与回答者之间的问答，探求用户参与问答社区互动的特点；K. W. Chan 等（2015）[86]发现用户与用户、用户与企业间的评论的数量及频率对用户后续的创意提交有显著影响；刘倩和孙宝文（2018）[86]基于用户、同伴、企业专家三方之间的评论，研究在线交互对用户创意质量的影响，证明角色差异形成的不同互动对创意质量的影响效应也不同；N. Wang 等（2018）[83]发现众筹平台中创意提交者与支持者之间的评论、回复对众筹成功有正向显著影响。

（二）不同交互主体间基于关注的用户交互行为研究

詹天成等（2018）[150]研究发现微博领袖间基于关注所形成的

网络对消息传播有积极影响；邓胜利和蒋雨婷（2020）[147]根据交互主体和交互方向的不同对该社区的用户社会交互行为进行分类，研究在线社区用户与用户、用户与平台之间的关注、收藏等主动交互对知识付费用户预测的贡献程度，发现用户间的交互影响大于用户和平台交互的影响，社交互动的程度越大，其对知识付费行为预测的贡献越大；庄倩等（2020）[88]研究在线社区用户与用户之间的关注交互对社会标注的影响，发现不同交互特征的用户间的社会标注行为存在显著差异。

表 2－1　　　　用户交互行为的相关研究

用户交互方式	研究变量	研究变量定义	研究方法	研究发现	作者及年份
评论	用户交互	博主与评论者的关系（评论、回复关系构建网络）	2－模网络分析	博主与评论者交流关系存在小团体特征	邱均平等（2012）
	社区成员互动关系	提问者与回答者之间的交互（问答关系构建网络）	社会网络分析	98%的用户是单纯的提问者或回答者，2%的用户既提问又回答	蔡志斌（2016）
	用户交互	用户与用户、用户与企业之间的交互（评论的数量、频率）	二元选择模型	用户与用户、用户与企业间的交互对用户后续的创意提交有显著影响	Chan 等（2015）
	用户交互	用户与企业专家、用户与同伴、同伴与企业专家、同班与同伴之间的交互（评论数量）	面板对数模型	三类交互均对创意质量有正向影响	刘倩、孙宝文（2018）
	用户交互	创意提交者与支持者之间的交互（评论及回复的数量、频率）	二元逻辑回归	创意提交者与支持者之间的评论、回复对众筹成功有正向显著影响	Wang（2018）

续表

用户交互方式	研究变量	研究变量定义	研究方法	研究发现	作者及年份
关注	微博媒体领袖间关系	微博领袖间的关注与被关注关系	社会网络分析	微博领袖间的关注网络对消息传播有积极影响	詹天成等（2018）
	用户交互	在线社区用户与用户、用户与平台之间的主动交互（双方发送所有信息类型的数量）	随机森林算法	用户间的交互影响大于用户和平台交互的影响；社交互动的程度越大，其对知识付费行为预测的贡献越大	邓胜利、蒋雨婷（2020）
	用户交互	用户与用户间的交互（关注人数及被关注人数）	多元回归分析	不同交互特征的用户间的社会标注行为存在显著差异	庄倩等（2020）

三、研究述评

Hausman 和 Bagozzi（2006）[85]指出交互的核心是信息交换和社会交换。交互信息主要指有具体文字或图片的，以评论、回复或反馈形式呈现的交互。而用户在交互中除了交换信息外还存在社会关系交换，如关注、支持或浏览的交互主要是交换社会关系的过程。通过对已有 OIP 交互研究的梳理发现，已有研究多从交互对象的视角进行交互行为的划分，且基本都围绕在线评论或关注单一类型的交互内容。用户在 OIP 交互中生成的内容不止一类，如在企业 OIP 中，用户提交创意之后，其他用户对该创意知识展开评论，或直接投票表示支持，还有部分用户可以关注创意知识甚至一直追踪其发展变化。交互内容既有“声音”——用户评论，也有“行动”——用户点赞、关注。

营销学领域将消费者在社交平台上的互动分为两类：基于意

见的交互和基于行动的交互[151-154]。前者多指电子口碑或用户在线评论，后者是指产品的购买次数或软件下载量。研究结果表明，由于消费者的知识不完善，从他人的意见或行为中推断出的信息对消费者的影响很大[153]。上述对用户交互的研究大多围绕基于意见的交互（在线评论、回复、问答）或基于行动的交互（关注）单一类型交互，少有同时考虑且区分基于意见、基于行动两类的交互的研究。本书引入消费者行为研究中对交互类型的划分，将开放式创新平台用户的交互行为分为两类：基于意见的交互行为（如评论）和基于行动的交互行为（如点赞、关注），分析不同类型交互行为所形成的社区内作用力对用户持续贡献行为的影响。

第三节　用户持续贡献行为

一、用户持续贡献行为概念界定

用户持续贡献行为是指用户在较长一段时间内对 OIP 保持一定频率的贡献，它是 OIP 用户创新能力的表现。对于企业而言，用户参与创新活动并贡献创意，只是 OIP 迈向成功的开始，只有用户持续贡献创意才是 OIP 成功的关键。因此，OIP 用户持续贡献行为的研究在最近几年备受重视。

已有文献中，对在线社区用户的贡献行为界定为用户针对公司产品或服务存在的问题提出具有创新性或可行性的解决方案的行为[26]。Chen 等（2012）[15]认为在线用户持续贡献行为只是比用户贡献行为多了时间上的维度，是用户通过继续提交创意或发表评论等多种方式持续参与社区活动的行为。目前，国内外学者对用户持续贡献行为展开了广泛的研究，但都聚焦在用户下一时期提交新创意的持续贡献行为上，少有对原创意更新的持续贡献行为的研究。Jaweci 和 Fuller 等（2011）[18] 认为，用户贡献行为及创意质量受平台内部社会环境的影响。平台用户间协作交互，对创意公正和支持性的评价、诚实的反馈、认可等，让创意提交者一方面获得额外的专业知识；另一方面，面对激励的话语，创意提交者会被激励，会想出更好修改最初创意的想法，以完善和优化原有创意。最终，新产品的出现将优于那些由单个用户所创造的产品。这种基于平台用户间协作交互所带来的创意更新的持续贡献行为是对 OIP 更有价值的持续贡献行为。基于前人的总结，本书试图丰富用户持续贡献行为的概念内涵，将用户持续贡献行为的研究聚焦在用户创意更新持续贡献行为上。因此，本书的用户持续贡献行为定义为指用户在原创意基础上进行更新的持续贡献行为。

二、用户持续贡献行为研究现状

目前对在线社区用户持续贡献行为的研究多从个体行为视角展开，其研究基础多基于实体组织中的行为理论和虚拟社区用户行为研究。在用户持续贡献行为的已有研究中，主要从 4 个方面展开：内外动机、用户特征因素、参与主体间交互、平台环境。

（一）内外动机

动机是决定行为的内在驱动力，往往源于个体的某种内在心理或外在需求。许多学者基于动机视角，通过问卷调查法开展对用户持续贡献行为的研究。万莉和程慧平（2016）[155] 发现，外部动机和内部动机影响用户的知识贡献行为意愿，而用户的知识贡献意愿和满意度又是促进用户持续贡献行为的重要因素。Chen 等（2012）[156] 采用 Dell 的 OIP 数据，研究发现用户反馈和企业反馈对用户持续贡献创意的数量有正向影响，企业反馈及反馈速度对用户后续持续创意的质量有正向影响。金晓玲等（2013）[157]发现，在积分等级的调节作用下，用户为了声誉和互惠愿意持续贡献。沈宇飞等（2018）[158]认为，声誉系统既可激励用户持续贡献行为也会正向影响知识分享被社区成员采纳的程度，且流行度影响、在线口碑的质量效应和数量效应都显著存在于社会化问答社区的知识分享活动中。王骞敏和孙建军（2018）[159]在对百度百科用户的研究中发现，内在动机，如好奇心、好胜心等，对用户持续参与贡献的意愿有显著正向影响。

（二）用户特征因素

OIP 中个体的参与是自发、非强制性的，因此个人特征，如能力、心理、情绪、个性、经验等，对用户的持续贡献行为有着较大的影响。龚主杰等（2013）[160]研究发现，实用价值、情感价值、社会价值、利他价值不仅直接正向影响持续知识共享意愿，还通过满意度间接作用于持续知识共享意愿。王婷婷等（2018）[161]、Jin 等（2015）[162]认为，用户自我展示对 OIP 用户后续提交创意的行为有显著影响。自我展示主要包括用户的个性、经验、身份等。人们通过照片、视频、好友列表等丰富的形式进行自我展示，这些形式有效地补充了在线社区中缺少的社会线索。张大勇、孙晓晨（2018）[163]从用户属性视角认为人口统计变量和人格特点对用户信息贡献行为有显著影响。王楠等（2019）[73]发现用户的领先用户特征对知识共享水平存在显著正向作用。

（三）参与主体间交互

Hausman 和 Bagozzi（2006）[85]认为，交互的核心是信息交换和社会交换。交互过程中信息交流不仅蕴含着大量的显性知识，还隐藏着丰富的隐性知识。同时，社会关系也在交互过程中建立起来，进而形成网络结构，用户在网络中所拥有的资源构成其社会资本。部分学者基于社会资本理论、社会认知理论、社会交换理论等社会理论，探讨用户所拥有的社会资本或者关系对用户各类行为，特别是对贡献行为的影响。郭伟等[96]认为，用户间交互反馈数量和质量均对个体创新贡献度有显著影响，其中反馈次数对个体创新贡献度有显著正向影响，反馈率和反馈人员多样性负向影响个体创新贡献度，反馈长度和反馈支撑文件对个体创新贡献度不存在显著影响。Chan 等（2015）[86]从社会网络视角分析发现，用户间交互的评论数及频率、用户与企业的交互频率都会对用户持续提交新的创意有显著影响。Guan 等（2018）[164]探讨社会反馈、社会曝光、互惠等用户互动行为对在线问答社区用户知识贡献行为的影响。

（四）平台环境

除了个体创造力成分外，社会环境也会影响个体的创造力（Taggar，2002）[100]。很多学者从平台治理、激励机制等平台环境视角探讨对用户贡献的影响。秦敏和梁溯（2017）[19]考察了不同类型的社区用户识别机制对用户主动贡献行为和反映贡献行为均有影响。王莉和金曼丽（2018）[110]认为，社区激励机制可有效推动用户的创新行为。物质激励是为了满足参与者的基本物质需求，用经济手段激发人们参与创新；社区认可激励是在平台设置专家榜单、荣誉标识，满足参与者寻求归属感的心理诉求；活动等级激励属于高级阶段的需求，平台通过不断开放更高等级的权限并设置更具挑战性的任务，通过与量化积分挂钩的方式，满足参与者成就动机的需求。顾美玲（2019）等[98]从社区治理视角出发，引入虚拟社区感知为中介变量，发现相比约束式治理机制，促进式治理机制对用户贡献行为的影响更强。

三、研究述评

通过对已有 OIP 用户持续贡献研究的梳理发现，现有研究多考量何种因素影响用户下一时期持续提交新的创意，没有区分“横向”后续提交新创意的持续贡献行为和“纵向”在已有创意上完善修改的持续贡献行为，用户创意更新的持续贡献行为研究被忽视。首先，很多高质量、完备的创意并不是一蹴而就的，用户首次提交创意知识后，可能会持续对创意进行补充和完善，这种在原方案基础上持续更新的创意更有可能成为高质量的贡献[58,59]。其次，交互是 OIP 的一个重要特征，创新用户之间的交互包含平台中的信息交换和社会交换，用户在交互的过程中积累了大量、不同类型的信息[165]。现有文献多从内外动机和社区环境入手，对在线社区用户交互视角的分析挖掘不够充分，且用户交互仅围绕在线评论或关注某单一类交互信息，没有考虑社区内用户不同类型的交互信息。最后，以往研究主要侧重于探究用户交互和持续贡献行为之间的直接关系，OIP 用户交互过程的影响则相对被忽略，鲜有研究从过程视角剖析用户持续贡献行为影响机制的研究。用户在交互过程中获得信息交流的同时，社会关系也在交互过程中建立起来，进而形成网络结构，有学者指出基于互联网平台的虚拟关系网络可以提高用户创意贡献（Toral et al.，2010[166]；王莉和任浩，2013[81]）。这种从个体关系建立到社区网络建立的过程中，如何影响用户在原有创意上的持续贡献，有待于进一步发掘。此外，用户持续贡献行为的研究大多基于社会资本理论、社会交换理论、社会认知理论等诸多理论，理论基础繁杂，因此需要一个简单、统一的理论基础支撑用户持续贡献行为研究。

综上所述，本书基于不同类型用户交互行为，以场论和社会网络分析为理论基础，聚焦于创意线程，从过程视角展开用户关系、关系网络动态演变过程中对用户创意更新的持续贡献行为研究。

第四节　场　　论

“场”的概念起源于物理学，最早由法拉第提出。电荷周围存在的一种特殊物质就是静电场，电荷之间的作用通过电场发生。爱因斯坦定义场为相互依存事实的整体，场的本质是“物质体系各要素之间在相互作用中因传递，交换物质、能量、信息而产生和形成并所凭借的一种中间载体和时空处所[167]”。任恢忠（1999）[167]认为，场是物质存在的一种形态，它既是物体相互作用的产物，又是相互作用的媒介和处所。随着经济与管理理论尤其是组织理论的发展，越来越多的学者注意到，在组织中也存在场效应。场论逐步向社会、经济和管理学渗透，学者们提出了“组织场”。例如，Dimaggio 和 Powell（1983）[168]认为“组织场是一群组织组成的社群，他们从事类似的活动，并屈从于类似的声誉及规则压力”。潘德冰（1992，1994）[169,170]将场的思想应用到社会经济系统中，并提出了社会场论和场态经济学。伊丹敬之（2019）[171]提出组织场的概念和理论，指出成员可以在“主题、规则、载体、愿望”的共同基础上相互作用。王国红等（2010）[172]认为在分析隐性要素、关系、效应等重要且用传统研究方法很难明晰的问题上，场论往往具有明显优势。

场的属性特征包含以下 5 个方面：场源、场力、场势、场强、场态效应[172]。

（1）场源是场力的源头或发起者。场中任何层面、任何形态的要素均可成为场源，如个体、企业、科研机构、政府、环境制度、知识等。场源可以具有实体性质，如个体或组织，也可以为非实体性的，如知识。同时，场源也可以分不同层次，OIP 中场源有两种层次：用户或群组。

（2）场力是指场内所存在的作用力。如物理学中的场，存在作用力、阻力。场力包含力的属性、力的方向、力的大小。王国红（2011）[173]认为，场力是各个组织之间的相互影响和相互作用，并将产业集群中“成长场”的场力分为基于组织间关系的场力、基于集成效应的场力和基于集成风险的场力。周荣、喻登科（2015）[174]认为，场力是空间位置决定的力，并对产业网络中的场力进行界定。在产业网络中，不同企业或其他实体的位置不同，周围组织之间的互动和作用力也不同，再加上实体之间的不同互动和相互作用，使得不同的力量作用于实体，这种力即产业网络的场力。OIP 中用户间围绕创意进行的交互过程中产生的相互作用就是场力。

（3）场势表示场空间或场源对外界影响的表征，是场源对周围环境和其他主体形成的一种吸引力的影响。场势是个相对量，体现了不同层次的场源在其所属场中的地位和话语权。场势是主体能够发出场力的基础，场势越强，其发出的场力也越大。于波（2021）[175]认为场势对应着复杂网络里的度。OIP 中场势表示场源（即用户）在群组或社区中的影响力。

（4）场强反映了由场源发出或者向其汇集资源的强度。王国红等（2010）[172]认为知识场中的场强是对知识的创造强度以及对知识创造的需求强度。OIP 中场强是各场源（即用户）对知识的整合能力、关系管理的能力和知识共享的能力。

（5）场态效应表现为场在其整个生命周期内体现场源之间关系的整体性以及多方相互作用的连续性。

一、场论的适用性

场的存在需要有空间、要素和作用力三个必备条件。（1）存在特定空间：在一定的时空范围内可以聚集的空间；（2）存在特定要素：场内有场源及各种资源要素，如信息资源、知识资源、关系资源等；（3）存在特定作用力：场内相关的实体、资源之间相互影响、相互作用。

基于上述梳理，本书认为，开放式创新平台作为一个虚拟在线平台，依靠网络关系与协同行动，创新参与主体之间相互作用，产生、交换、扩散创意信息及社会关系。当这种协同作用在 OIP 中达到一定的规模后，会在整个场中发散和扩展，并形成某种具有规律性的方向和作用特征时，OIP 就具有明显的“场”特征：拥有一个特定的时空范围；在平台上聚集若干资源要素；各要素间动态的相互作用和联系，存在特定的场力，从而实现一定特征的分布。因此，OIP 中存在场并且场论对其具有适用性。

OIP 除了具有场的一般属性外，还具有开放性和动态性的特殊属性。开放性是指 OIP 是一个开放的空间，它与场的外部资源有着信息的交换；动态性是指 OIP 是场源（即用户）之间的相互作用而生成各种交互，它会由于交互过程所带来的变化影响 OIP 内部结构。已有场论的研究，肯定了场论在组织研究中的适用性，但管理领域的研究大多聚焦在企业或产业层面，缺乏场论在在线虚拟组织应用的讨论。

二、场和场力的概念界定

基于上述梳理，本书给出 OIP 研究情景下场和场力的定义。

创新场：从空间、要素和作用力三个场的必备条件可知，开放式创新平台就是一个开放式创新场。平台是一个开放的虚拟空间，空间中存在大量用户及各种关系和各种信息资源，用户间存在不同的互动关系，产生不同的作用力。由此，本书将开放式创新平界定为一个开放式创新场。

场力：开放式创新场中促进创意扩散、知识贡献以及用户间信息交换、社会交换的作用力都可称为场力。场力是矢量，其大小和方向，与相关主体之间的关系强度和性质有关。周荣、喻登科（2015）[174]认为产业网络中存在多种场，场力也有多种。他们对所有场力进行归纳总结，可认为产业网络的场力主要包括两个维度：能力场力、关系场力。能力场力常见于知识场，关系场力多存在于人际关系场、合作关系场等。能力场力有提升组织竞争力的作用效果，关系场力的作用效果是关系资本的不断积累。基于周荣等学者的定义，本书将 OIP 中的场力分为两个维度：能力场力和关系场力。能力场力主要指在信息交换、知识共享、知识贡献中用户间相互作用产生的场力；关系场力是基于社会交换，如点赞、关注等用户间相互作用而产生的场力。

第五节　社会网络分析

社会网络的研究最早起源于社会学领域，社会网络（social network）这一概念最早可以追溯到 20 世纪 30 年代，当时著名的社会学家齐美尔（Georg Simmel）认为："只有当大量的个人互动时社会才会存在"。随后直到 50 年代社会科学家才开始系统化使用社会网络一词。社会网络是指一群人或团体按某种关系连接在一起而构成的一个系统，是社会行动者及他们之间的关系的集合。一个社会网络往往由多个社会行动者以及行动者之间因为互动和联系而产生的相对稳定的关系构成[176]。Laura[177]等将社会网络的概念界定为在某一群人、某个组织或其他社会实体的基础上建立起来的，如友谊、合作及信息互换等社交关系。OIP 中的行动者是指参与创新的用户，他们之间的关系是各种交互关系，如评论、点赞、关注等。社会网络以点和线的形式来表达并界定网络范围，关注行动者之间的互动和联系，以及社交互动对于行动者观念、价值、态度、行为等产生的重要影响。社会行动者、关系和网络是构成社会网络的三个基本要素。社会网络分析强调了关系及社会网络结构对社会现象的解释。

一、社会网络分析三要素

（一）行动者（Actor）

社会网络分析中的行动者可以是任何一个社会实体或社会单位。行动者既可以是个体、群体、组织、机构，也可以是一个企业、城市、国家。在社会网络中，行动者代表网络中的节点，具体到 OIP 交互网络中，是指用户个体或某一特定群体。在 OIP 交互网络研究中，既关注某位行动者个体网络，也关注行动者群体以及整体网络。其中，个体网络是聚焦用户个体所处的网络位置，以及与他人的互动关系状况等；子群网络研究群体间由各种交互所形成的凝聚子群；整体网络的研究对象是针对不同交互网络的拓扑结构分析、演化分析，了解整个平台的社会网络。通过数据观察用户网络位置和关系强度，可以确定行动者的在网络中的权力，用户在不同类型交互中的地位、作用及对平台信息传播的参与效果等。

（二）关系（Ties）

关系是行动者之间的联系与相互作用。行动者之间的关系类型多样，也可以同时存在多种类型的关系，如朋友关系、亲属关系、交换关系、权力关系、沟通关系、情感关系等。OIP 社会化交互过程中用户间存在多种关系。用户提交创意，分享信息资源，关注其他用户的创意，点赞支持其他用户的创意等。基于本书对用户交互的界定，将 OIP 中用户交互关系分为基于意见的交互和基于行动的交互。Laura（1997）认为关系主要由内容、方向和强度三个维度构成[136,177]。其中，关系内容是行动者之间产生的资源交换，如 OIP 中行动者对创意的评论、点赞和关注等，都是信息资源及社会资源的交换。关系方向分为无向和有向，两个行动者之间的相互作用存在不同的方向，则为有向关系，否则视为无向关系。OIP 中行动者之间的关系大多属于有向关系。例如，两个行动者之间基于评论建立关系，V1 发表评论，V2 回复或没有回复，由此产生有向评论关系。关系强度是指行动者之间关系亲疏程度，一般可以用行动者之间的关系、互动频率、亲密程度、互惠程度四个指标来衡量。根据指标将关系分为两类：一类是强关系，指联系频繁的较亲密的关系；另一类是弱关系，指少有联系的较疏远的关系。强关系往往处在一些相互之间联系都很紧密的群体之间，因为他们的兴趣、知识结构、背景和观点等更容易达成共识；而弱关系往往沟通这些紧密联系的群体，使新的知识和想法从外面传入，从而促进创新。

（三）网络（Network）

网络是由一群行动者和这群行动者之间的关系所形成的结构，网络结构的形成是以行动者和关系的存在为前提。图（Graph）提供了一个统一的方法，使用抽象的节点和边来表示现实世界中的不同网格，图中的点代表了实际网络中的行动者，边表示行动者之间的关系，边可以是有向的或无向的。实际中的各种社会网络大多处于孤立与饱和之间的状态，所谓孤立是网络中所有行动者之间没有任何关系的孤立结构，与之相对的是所有行动者直接相关的饱和网络。目前，对社会网络的分析主要有两个流派，一是针对个体中心网络，主要分析以行动者为中心的各种网络关系或社会关系，如利用联结强度、中心性、结构洞等测量指标，研究用户是如何与社区成员建立和维持社交关系的，用户交互过程中获得社会资源及在网络中的位置和影响力等问题。二是针对整体网络结构展开分析，主要研究群体中角色关系结构。例如，同样节点数量和边数量的网络、相同的社会经济背景，却有不一样的集体行为，这时结构就是最好的解释因素。整体网络分析方法需要特定范围所有行动者的数据，并计算相当数量行动者间存在的所有关系，如网络密度、聚类系数、网络规模、凝聚子群分析等。社会网络分析方法还分为静态分析和动态分析。"静态"研究主要揭示某一时间截面的关系网络结构，但实际中，大多数网络是动态变化的，"动态"分析通过网络本身拓扑结构的演化和网络中社会行为的演化，可以更好地反映网络结构随时间的变迁。

二、个体网分析

社会网络主要包括两种，一种是个体中心社会网，另一种是整体社会网。个体中心网主要研究以行动者为中心的各种网络关系或社会关系，如个体中心网用户联结强度、中心性等，主要关心个体行为如何受到人际关系网络的影响。

寻找网络中的关键节点是社会网络分析的主要研究内容之一。中心性是一个重要的个人结构位置指标，用于评价一个节点重要与否，是指个人或组织在其社会网络中处于什么样的中心位置、拥有怎样的影响力。社会网络学者从"关系"视角对权力进行定量研究，给出中心度和中心势作为对权力的量化指标。中心度是对网络中个体重要性的量化分析，用来说明任何一个节点在网络中占据的中心性；中心势是对群体权力的量化分析，用来说明网络的整体中心性，即节点对整体网络结构的影响。常用的中心度测量指标有：点度中心度、中间中心度和接近中心度。在网络分析中通过中心度刻画节点在网络中所处的位置，可以测度用户社交活跃程度，并发现网络中的关键节点。点度中心度可以作为研究节点之间社交活动的基础测度；中间中心度分析节点对社交或信息传递的控制程度；接近中心度是节点不受他人控制的测度，分析其对信息传递的独立性。

点度中心度是一个较简单的指数，在社会网络中一个节点与其他许多节点直接相连，若该节点的位置越中心，其价值或拥有的权力也越大，则该节点具有较高中心度。由此，社会网络中某一个节点的点度中心度，可以通过网络中与该节点之间有直接联系的节点的数目来衡量，个数越多代表该节点与其他节点之间联系越紧密，意味着该节点是这个社会网络的关键节点，很可能拥有较大的权力，对其他节点的影响力就越大；反之，连接的节点个数越少代表该节点处于网络的边缘地位，对其他节点的影响力也就越小。

中间中心度测量的是一个节点在多大程度上位于网络中其他节点的“中间”，即一个节点处在任意两个节点的路径上，起着“桥梁”的作用，它能控制这些节点的之间的互动[178]。一个节点处于网络中许多路径上，可以认为此节点有重要地位，因为“处于这种位置的个人可以通过控制或者曲解信息的传递而影响群体”[179]。因此，中间中心度能够描述社会网络中节点的地位和对资源控制的程度，刻画节点对网络中信息流动的影响力。如果一个节点处于其他许多节点对之间的最短路径上，该节点就具有较高的中间中心度，即该节点较多地占据网络中的资源和信息传递的重要位置，且拥有很大的权力可以控制其他节点，也会有更多的节点需要通过它才能发生联系。

接近中心度是对节点不受其他节点控制的测度。一个节点与其他节点接近，该节点在传递信息方面就更容易，这就反映了该节点在网络中的相对重要性。社会网络学者根据点与点之间的“距离”来测量接近中心度。一个节点的接近中心度是该节点到其他节点最短距离之和。对于一个节点而言，它与其他节点平均最短距离越近，即该节点通过比较短的路径与许多其他节点相连，则该节点就具有较高的接近中心性，它对信息的传递具有最佳的观察视野，因此接近中心度可以描述节点对于信息传递的独立性或有效性。某一个节点的接近中心度越高，代表该节点在社会网络中越处于核心地位、不受其他节点控制的能力越强，那么这个节点就是关键节点。

三、整体网分析

作为社会网络分析的另一种常见类型，整体社会网是研究一群个体与他们之间的所有的关系的组成，个体网分析只能分析行动者之间的关系，不能分析网络结构，而整体网可以对网络结构有更宏观和精确的测量。常见的整体网分析方法有拓扑结构分析和社区分析。

（一）拓扑结构分析

20 世纪 60 年代，美国社会心理学家 Milgram 通过社会调查后得出了“六度分割”的推断，发现在人际关系网络中任意两个节点的平均路径长度是 6 步，即人们只需要通过 6 步就可以与一个陌生人建立起联系，这被认为是社会网络的理论基础。同时期，以哈佛大学 White 为核心的团队及 Brieger、Freeman 等利用数学图形推理和定量分析方法发展成为社会网络分析方法。随着信息技术和网络的迅猛发展以及数据分析手段的提升，大规模和不同类型的现实世界社会网络数据可以被处理和比较，以解释网络的共有结构属性。学者们使用复杂网络理论对网络拓扑结构进行分析，1998 年，Watts 和 Strogatz 建立小世界网络模型[180]，1999 年，Barabási 和 Albert 建立无标度网络模型[181]；2003 年，Newman 发表了“复杂网络”的综述性文章[182]；同年，Dodds 等在互联网上开展了一次大规模尺度的电子邮件通信的小世界实验，实验结果发现每封电子邮件平均转发 5～7 次即可到达目标对象，该实验验证了 20 世纪 60 年代提出的“六度分隔”和小世界模型。复杂网络为不同领域的学者开展关系网络结构研究开辟了一些不同的研究方向。由此，社会网络分析、图论和复杂网络理论一起称为网络研究三部曲[183]。其揭示不同网络之间的共性特征成为网络研究的核心主题，从现实中的社会网络到在线社会网络，各种理论和方法都围绕网络拓扑结构开展研究，社会网络宏观拓扑结构的特征分析能够很好地描述网络结构。研究网络结构能够使人们理解规模巨大的系统的层次和功能特性，有利于解释网络内部的复杂关系。

对整体网络的分析主要关注行动者间相互关联和作用的拓扑结构，这也是理解社会网络性质和功能的基础。人们已经提出许多描述网络拓扑的统计特征，如平均路径长度、聚类系数、密度、累积度分布、同配系数等。

1. 平均路径长度

网络中连接两个节点的边数最少的路径称作最短路径。网络的平均路径长度定义为任意两个节点之间的距离的平均值，即：

$$L = \frac{1}{\frac{1}{2}N(N-1)} \sum_{i \geqslant j} d_{ij} \tag{2-1}$$

其中 N 为网络节点数。在关系网络中，平均路径长度 L 可理解为连接网络中两个用户之间最短关系链的朋友的平均个数。尽管现实中许多网络的节点数量巨大，但网络的平均路径长度却小得惊人，这就是所谓的“小世界”现象。网络的平均路径长度是网络的全局特征，不同的网络结构可以赋予平均路径长度 L 不同的含义，如在疾病传播网络中 L 表示疾病的传播时间、航空网络中 L 表示航线的长度等。

2. 聚类系数

聚类系数是用来描述一个网络中的节点之间集结成团的程度系数。具体来说，是一个节点的邻接点之间相互连接的程度，如我们可以用聚类系数来刻画你的任意两个朋友之间互为朋友的概率。有研究表明，在各类反映真实世界的网络结构，特别是社交网络结构中，各个节点之间倾向于形成密度相对较高的网群，即真实世界网络大多具有高聚类系数。网络中一个度为k_i的节点 i 的聚类系数C_i定义为：

$$C_i = \frac{E_i}{(k_i(k_i-1))/2} = \frac{2E_i}{k_i(k_i-1)} \tag{2-2}$$

3. 密度

在社会网络分析中，常用密度（density）来描述社会网络中节点之间联系的密集程度以及演化趋势。密度是一个重要的网络结构形态指标，一般来说，关系紧密的网络中信息流通较容易，合作行为较多；而关系疏远的网络则常有信息不同、情感支持太少等问题。一个包含 N 个节点的网络的密度 ρ 定义为网络中实际存在的边数 L 与最大可能的边数之比。

$$\rho = \frac{2L}{N(N-1)} \tag{2-3}$$

网络密度的取值范围为［0,1］，网络密度为 1 代表该网络为全连通网络，网络密度为 0 代表该网络中节点之间不存在连边关系。实际中，网络密度为 1 的情况基本不存在，现实网络中密度最大值不会超过 0.5，且大规模网络常具有稀疏性这一特征，即网络中实际存在的边数要远小于最大可能的边数。实际网络的规模也是随时间的演化变得越来越稠密，但与全连通网络相比，实际网络仍然是稀疏的。

4. 累积度分布

累积度分布间接反映节点度的分布，累积度分布图相邻点是相关的，相邻点并不是完全独立的。累积度分布表示度不小于 k 的节点在整个网络中所占的比例，也就是网络中随机选取的一个节点的度不小于 k 的概率，即：

$$P_k = \sum_{k'=k}^{\infty} P(k') \tag{2-4}$$

有些研究也把度小于 k 的节点在整个网络中所占的比例 $1-P_k$ 称为累积度分布。累积度分布能较好地避免度分布中出现的扰动。

（二）社区分析

群体或小群体也是社会网络研究的重要内容之一。对群体的研究本质上是对社会结构的研究。社会结构是行动者之间实际或潜在的关系模式，表示在图形中就是存在个体之间关系比较紧密的子图，而子图间的个体关系比较稀疏。Newman（2004）[184] 将具有这种特征的子图结构称为社区结构。用户交互网络中往往存在隐性社区结构，如图 2－2 所示，这个小网络中存在 3 个社区，每个社区内部节点之间的连接相对紧密，各个社区之间的连接相对稀疏。已有研究发现，在线社会网络中潜在的社区结构对研究信息传播等级、好友推荐及网络舆情监管等方面具有一定现实意义。

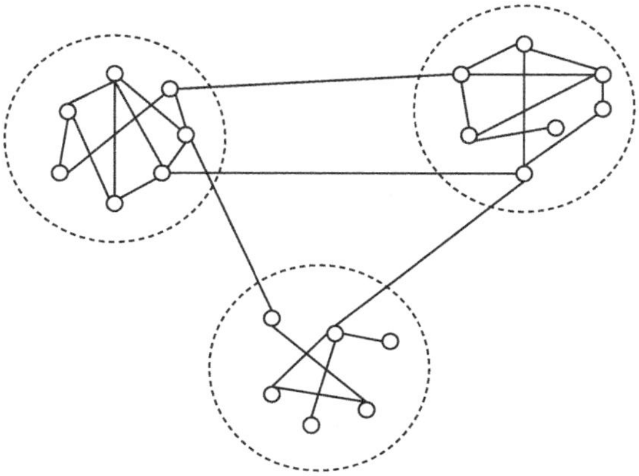

图 2-2　具有社团结构的网络示意图

社区结构分析与计算机科学中的图分割和社会学中的分集聚类等都有密切的关系。在此基础上，学者们通过不同视角探究社区发现方法，开展社区分析。有基于图论的社区发现方法，采用最小图分割法将图划分为不同的部分，从而得到社区划分；有基于节点信息内容和主题语义的社区发现方法，根据人们的关注话题或兴趣进行社区分析；有基于数据模型的社区发现方法，如基于贝叶斯模型等。近年来，随着深度学习方法的广泛应用，学者们基于深度学习算法提出社区发现方法，如模块度。模块度是近年常用的一种衡量社区划分质量的标准，其原理是把划分后的网络与相应的零模型进行比较，用以度量社区划分的质量。对于一个给定的实际网络，假设找到了一种社区划分，那么所有社区内部的变数总和可计算如下：

$$Q_{real} = \frac{1}{2}\sum_{ij} a_{ij}\delta(C_i, C_j) \tag{2-5}$$

对于与该实际网络对应的一个相同规模的零模型，如果用相同的社区划分，那么所有社区内部的边数总和的期望值为：

$$Q_{null} = \frac{1}{2}\sum_{ij} p_{ij}\delta(C_i, C_j) \tag{2-6}$$

其中p_{ij}是零模型中节点i和节点j之间的连边数的期望值。一个网络的模块度就定义为该网络的社区内部边数与相应的零模型的社区内部边数之差占整个网络边数M的比例，即：

$$Q = \frac{Q_{real} - Q_{null}}{M} = \frac{1}{2M}\sum_{ij}(a_{ij} - p_{ij})\delta(C_i, C_j) \tag{2-7}$$

四、演化分析

随着时间的推移，社会网络中节点会不断加入或离开，节点间的链接也会发生变化，从而使网络结构具有动态特征。演化分析是扩展时间维度，以观察隐含社区结构变化过程为目标，主要着眼于评价不同时间片段中社区结构的变化情况[185]，以揭示网络中关系及结构的动态演变。在研究方法上，采用分时间片（snapshot）进行阶段划分，然后计算各阶段社区结构的特征指标，通过与相邻阶段社区结构指标的比对，分析其的变化过程，最后得到社区变化情况和结构演化模式[186]。

社区演化分析方面的研究成果也较丰富。Yu 等（2010）[187]选择 Flickr 和 Yahoo！360°网络社区为研究对象，采用基于动态演化模型的社会网络分析方法探究网络的结构特征。吴江（2017）[142]探究用户个体属性和网络结构属性对用户朋友关系网络动态演化的影响。巴志超等（2018）[188]对不同目标需求的微信群中信息交流网络的拓扑结构特征、用户特征量分布、信息交互类型以及演化规律性进行分析。Karan 等（2017）[189]从成员间相互作用的强度和频率，以及不同社区之间重叠的程度描述从初始社区结构到当前网络拓扑结构的时间演化过程。卢华玲等（2014）[190]基于虚拟品牌社区的演化规律，提出一个基于已有节点间连接机制的演化模型，同时考虑节点的度和入度对节点间连接的影响，通过数值仿真实验验证模型的有效性。李立峰（2017）[191]将交互网络演化分为四个阶段：初始期、高速发展期、稳定期和衰落期，分析顾客网络属性在结构演化中的特点。

关于社区结构演变的研究主要分为两类：第一类侧重于网络的结构特征如何随时间变化。其以发现不同时段社区结构特征为主要目标，通过对网络中平均路径长度、聚类系数和度分布等复杂网络的特征在不同时间段的变化情况进行比较分析，判断社区变化的过程，发现结构演化的模式和演化异常点。第二类研究是构建网络演化模型，描绘网络演化的过程，以观察隐含社区结构变化过程为目标，探索网络演化关系的建立、活跃、维持、消退等过程的一般性变化规律。但已有社区结构演化研究忽略了用户交互视角，尚未考虑不同类型交互对社区结构演化的影响。

五、社会网络研究领域

社会网络研究将社会结构视为一张人际关系社会网，“节点”表示个体或者一个小团体，“边”代表个体之间的关系。社会网络研究认为社会现象不是个体行为的简单加总，需要从社会网视角出发，将社会关系和社会网结构的演变作为过程环节，考虑关系及网络结构对个体的影响。因此，社会网络研究将个体与集体的互动过程放在一个模型中加以解释，在结构和行为之间、个体与集体之间搭起一座“桥”[192]。以网络中的个人及其关系作为分析基础，强调了人际关系、关系内涵以及社会网结构对社会现象的解释。

社会学家罗家德（2010）[192]认为个体行动会自组织出社会网结构，社会网会产生集体行动和场力，结构和场力又对个体行动具有约束力量，并根据这一影响过程，总结了已有社会网络研究的几个领域。

（一）个体因素如何影响个体行为

个体受关系、场力或集体社会网结构干扰会影响其个体行为，个体行为是个体网研究的主要领域，分为三类研究：

（1）关键节点的识别。关键节点通常是具有较高网络影响力、较活跃的网络节点。关于关键节点影响力的研究多与网络舆情、社交媒体和引文网络有关。在突发事件的舆情问题中，网络中影响力大的关键节点能够引导舆论，较容易地生成热点话题。在多种在线虚拟社区中，关键节点的识别常用结构洞位置、中心度位置和边缘位置的方法展开识别。例如，尚丽维（2020）[193]利用社会网络分析方法，以百度贴吧用户关注关系作为构建信息交互关系网络的基础，对节点中心性进行分析，识别关键用户并对关键节点的现实身份进行细分。王闯、王亚民（2019）[194]以CSDN社区用户作为研究对象，分析用户交互行为与发布的文本特征，在K核分解方法的基础上，考虑相邻用户节点的影响力贡献差异，定义网络边的潜在影响力与边的影响因子，综合考虑用户作为知识贡献者与传播者的双重身份，构建关键用户挖掘模型与排序方法。

（2）组织层面的研究，探讨一个团队（或企业）关系对团队（或企业）的发展、创新、结盟等的影响。例如，Peng和Luo（2000）[195]对中国6个省400家公司的调查发现，管理者的连带关系对组织表现甚至绩效有一定的影响作用。Florin等（2003）[196]探讨了企业拥有的人力资本和社会资本，对企业上市前融资能力和上市后表现的影响。

（3）个人层面的研究，分析关系对个人求职、创新能力和职业成就等因素的影响。例如，Chan（2015）[86]研究用户之间关系强度对用户持续贡献的影响。很多学者基于“结构洞理论”，分析个体结构位置对其在网络中的资源及影响力获取有何影响，尤其是弱连带网中处于“桥梁”位置的个体可以获得更多的信息，对其商业投资或创新能力有积极影响。

（二）个体行为影响集体结构形态

个体行动对集体结构形态的影响也是社会网的一个主要研究领域。基于现实关系数据的动态演变，从“动态”角度出发，考察不同时间段之间的交互网络结构的变化。例如，“六度连结的小世界”论断：世界上认可人与人之间都通过大约 6 步就可以建立联系。这就是通过好友之间联系的增加快速改变集体网络结构的著名论断。也有学者从个体属性和交互探讨其对集体结构形态的影响，吴江（2017）[142]认为，从社会网络视角来看，用户参与行为可以引起社会网络结构的变化，用户与他人进行互动时，参与互动的活跃成员会形成一个具有“强关系”的活动网络，不参与互动的成员则属于社会网络中的“弱关系”成员，网络及用户间的关系会随着互动强度的不同而动态变化，进而影响到关系网络的演变。巴志超等（2018）[188]对不同目标需求的微信群中信息交流网络的拓扑结构特征、用户特征量分布、信息交互类型以及演化规律性进行分析。

（三）集体结构形态影响场力

个体行为“加总”会形成不同的集体结构，社会网结构的变化会影响集体行为，如一个集体的内部网络结构会影响一个集体的学习、创新绩效、知识传播、知识创新、社会运动等方面的结果。个体行为通过网络中信息传播或示范效应，形成集体行为，这些集体行动一旦持续甚久就会被制度化，从而形成场力。一个社会、一个组织或一个经济体都可以称为场，场力是指场内的许多作用力。社会学学者认为场力包括信息类的声誉、口碑、认可、顺应流行等，以及规范类的道德、制度等。一个群体的集体行为或群体间的互动会形成一个场域更大的场力。人的决策不是一成不变的，会受到周围人的影响，罗杰斯认为创新扩散在开始时是缓慢的，一旦采纳者数量达到某个临界值，扩散进程就会急剧加速。这个过程一直持续到系统中的潜在采纳者的数量趋于饱和，扩散的速度会再次放缓，采纳者的数量随着时间的推移呈“S”形轨迹。在这一过程中，随着创新扩散网络中人际传播的加速，示范效果逐渐凸显，到达某个阈值后，就会成为潮流，场力逐渐形成，并对个体产生影响，场力会吸引后进者追逐潮流。集体行为的差异也会导致集体场力不同。

（四）场力影响个体行为

社会学者们曾经考虑这样一个问题：什么样的机制导致了不同网络中的人的行为差异？为什么不同的网络给人的约束或激励不同？他们认为网络的位置、结构的不同会导致不同的社区内化过程，从而使人们的行为在不同情境下产生差异。这一研究领域中最具代表性的社会网研究理论就是“镶嵌”理论。该理论认为经济行为是镶嵌在社会关系中的，人的效用不是一成不变的，而是会受到周围人的影响。根据场论，在不同网络结构中，行动者之间的相互影响、相互作用不同，即场力不同。因此不同网络对行动者的约束和激励有所差异，会导致个体行动的潜在差异。该领域的研究也是本书的重要研究议题。

已有社会网研究领域中梳理出的关系影响个体行为、个体行为影响集体结构形态、集体结构形态影响场力、场力影响个体行为四个研究领域，每个领域成果丰硕，但缺乏将个体与集体整合在一个模型中的研究。因此，本书将个体对集体的影响、集体及场力和个体的影响放在一个模型中，以过程的视角研究社会网、场力和个体行为间的因果关系。具体来说，用户交互过程中互相影响，个体位置结构不断变化，形成小团体，继而影响网络结构，进一步产生的场力又会对用户持续贡献行为产生影响。探究个体的行为如何通过整体网结构的变化及集体场力又作用到个体行为上，以解释集体和个体之间的因果之“谜”。同时，以往研究大多基于社会资本理论、社会认知理论、社会交换理论等，从动机、激励视角研究用户持续贡献行为，缺乏基于社会网络分析及场论的研究视角，本书将从个体与集体真实协作过程的视角来研究用户交互过程及产生的场力对个体持续贡献行为的影响。

开放式创新平台用户
交互与持续贡献
行为研究
Chapter 3

第三章　开放式创新平台用户交互与持续贡献行为研究模型构建

社会学者从社会网络研究视角提出，社会群体是有结构的，我们需要从关系网络的结构和个人在结构中的位置来解释人的行为[53]。本书试图在OIP这一虚拟组织中验证这一命题。第二章梳理社会网络研究的四个研究领域的问题，每个领域都有丰硕的研究成果，但这些研究却把集体与个体行动过程分开来谈，鲜有将涵盖四个研究领域嵌入一个研究框架下的研究。本章基于“输入—过程—输出”模型，构建本书的研究框架。用户间基于意见的交互、基于行动的交互两类关系作为输入；用户间的互动过程为分析个体结构位置的动态变化及引起整体网结构的变化；用户持续贡献行为作为输出。完成个体间关系到网络结构演化及其产生的场力又作用到个体持续贡献行为的研究，从过程视角剖析用户交互与用户持续贡献行为的影响关系。

第一节 “输入—过程—输出”研究模型

当决策者面对一项重要任务时，会交给一个小组去完成，因为个人无法胜任或群体完成的质量大概率高于个人的产出质量。而从承担任务到最后产出的中间过程的交互，是很多社会心理学者热衷探讨的问题。学者们对群组内协作过程的效果褒贬不一，于是在讨论这种面向任务的群组内交互过程相关问题时提出了“输入—过程—结果”（input - process - output）的研究框架（Heckman and Morris，1975[197]），用实证的方法检验群组内协作交互的效果。该研究框架如图3-1所示。

“输入”可以根据研究问题从个体层面影响因素、群组层面影响因素和环境影响因素中适当选择。社会学者采用的输入因素有领导态度、成员的人格特征、群体规模和群体历史或经验等。“交互过程”是指发生在t1到t2时间点的过程。所有系统变量的状态

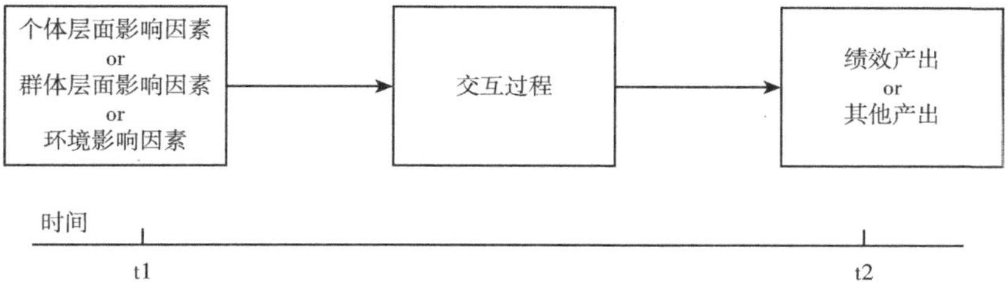

图3-1　“输入—过程—输出”模型

都可能在任何给定的“时间片”上进行评估，因此可以在几秒到一年或更长的时间段内检查输入—输出关系。t1 和 t2 之间的时间越长，输入时间和输出时间之间的交互作用越大，交互作用在输入输出关系中的中介作用的分析就越复杂。“输出”可以是群体绩效或者用户满意、社交结构等。

“输入—过程—输出”（IPO）模型是群体功能观的直接表达，这种方法在社会心理学领域的群体研究中主要分析团队内合作的相关问题。根据 IPO 模型，分析团队合作时使用的输入和流程会如何影响团队的绩效，即他们是否实现了生产目标，满足了成员的需求，并随着时间的推移保持团队效率。多年后，学者们将该模型引入 IS 领域开源社区的相关研究中，Carillo 和 Okoli（2011）[198]基于“输入—过程—输出”模型和“时间、交互和绩效理论”研究哪些“输入”因素影响“过程”进而影响开放内容实践中的优质产品。从多层面不同输入因素（组织、团体相关和个人）和过程因素（团体生产、团体福利和成员支持）对输出——群体有效性的影响。Crowston 等（2012）[199]使用“输入—过程—输出”模型，基于项目线程层面，以成员和项目特征为输入，社交互动为“过程”，软件实施和团队绩效为“输出”，从过程视角展开从输入到过程再到输出的分析。

本书在已有研究的基础上，将用户交互过程看作 OIP 中团体合作，采用“输入—过程—输出”的模型构建研究框架，从过程的视角，基于创意线程层面，探求用户交互过程中网络要素的演化对用户持续贡献的影响机理。

第二节　输　　入

本书在第二章文献梳理中，界定了开放式创新平台两类用户交互：基于意见的交互和基于行动的交互。在开放式创新平台中，存在很多用户交互行为。用户提交创意之后，其他用户对该创意展开评论，或直接投票表示支持，还有部分用户可以关注其创意甚至一直追踪其发展变化。在此交互过程中平台用户间的交互行为推动了社区知识创造的演进，使创新知识得以丰富和完善。上述交互行为主要有评论、关注、回复、点赞、分享等。已有研究中并未对用户交互进行分类，大多基于某单一类型交互展开讨论。本书借鉴消费者行为领域的研究，将开放式创新社区平台中用户交互行为分为两类：基于意见的交互、基于行动的交互。其中，基于意见的交互用评论关系予以描述，基于行动的交互用关注关系来表示。

（1）用户评论关系。开放式创新平台中，一种比较常见的交互方式是评论，用户可以对创新项目进行“评论”来建立基于用户创意的评论关系。开放式创新平台中的创意发布，是通过平台发表文字、图像或视频及其任意组合形式的创新性作品。创意的评论主要通过文字形式，对平台中的创意项目发表自己的见解或意见。通常平台中参与创意评论的用户数量、评论数量与用户交互紧密程度及用户影响力的形成存在一定关联。针对创意的评论越多，参与评论的用户数越多，创意发布者可以获取更多关于创意的信息和知识，通过其自身学习能力和隐性知识的作用，创意发布者更有可能对创意做出更新，同时还扩大自身在交互网络中的影响力。

（2）用户关注关系。用户通过“关注”其他用户的创意来建立交互网络中的关注关系，用户可以关注很多其他用户，且不需要得到被关注用户的允许，具有极大的开放性和包容性。当用户之间形成用户关注关系，便获取他所关注的用户的创新动态信息，方便随时关注该用户的创意更新变化、评论及创意项目状态。

上述两类用户交互行为作为本书研究框架的输入，是用户交互过程的基础。

第三节 过 程

在用户关系的作用下，OIP 用户间开启了重复、持久的交互，同时自组织出各种不同的社区结构。社会网络研究认为，交互过程就是社会网络要素的相互作用过程。首先要涉及用户所处的网络（体现基于何种关系）；其次要描绘个体在网络中的地位，即在网络中的结构位置是怎样的（行动者）；最后还需要分析网络中由个体行动自组织出的社区结构（隐性社区）。这三个方面正是从社会网络分析视角研究问题时所关注的三个基本要素。

一、关系——不同类型交互网络

社交媒体中的人际关系是在现实世界中相互不认识的社区内成员，基于兴趣、爱好、相似的知识背景、分享知识和经验等在网络社区当中建立起来的人际关系。基于各种人际关系，用户展开交互。用户交互的核心是信息交换和社会交换。交互过程中的信息交流不仅蕴含着大量的显性知识，还隐藏着丰富的隐性知识。除了评论、反馈可以进行直接的信息交流外，用户还可以通过互相关注、浏览来及时获取其他用户的信息/知识。同时伴随着评论、关注、收藏、点赞，还产生了用户间的社会关系。从社会资源视角来看，无论交换的信息资源还是社会资源，这种交互在本质上都是社会性的，这样用户就会融入一个关系网络中，重复的互动最终形成了社交网络。

在开放式创新平台中，用户是参与创新活动的平台成员，具有相同或者类似的兴趣或产品使用体验，通过发表创新创意项目、评价或讨论创意信息、关注创意的进展，在认知、兴趣、知识背景等方面达成一致的情况下，用户之间会被相互吸引，从而建立起交互关系。随着形成交互的用户人数的增加和用户之间互动关系的增多，逐渐形成了基于交互的用户社交关系网络。

本书确定了两类开放式创新平台用户交互关系：基于意见的交互和基于行动的交互，并用可以捕捉到的用户间交互——评论和关注予以度量。网络是由一群行动者和这群行动者之间的关系所形成的结构，本书基于两类交互关系，分别构建评论网、关注网。网络中的节点表示用户，用户间的评论或关注关系为网络中的边。由于用户交互不受一种类型的限制，研究结合评论和关注的组合网络是必然的，组合网是将评论关系和关注关系都视为用户间关系的网络。因此，根据用户交互关系构建了以下三种交互网络：关注网络（follow 网）、评论网络（comment 网）、关注和评论的组合网络（combined 网）。不同交互网络标识了行动者间不同的“关系”，这是用户交互过程分析的网络要素之一。

二、行动者——关键用户

行动者是网络中的节点。在 OIP 中，节点是参与创新活动的用户。在 OIP 用户参与产品创新的交互过程研究中，我们需要关注不同的行动者，这是因为不同的行动者在网络中的地位和起到的作用是不同的，对于网络的结构和演化产生不同的影响。从社会网络视角来看，用户交互及个体位置结构都可以引起社会网络结构的变化，用户与他人进行互动时，参与互动的活跃用户会形成一个具有“强关系”的活动网络，不参与互动的用户则属于社会网络中的“弱关系”成员，网络及用户间的关系会随着互动强度的不同而动态变化，进而影响到关系网络的演变[142][200]。

网络中节点的中心性反映了用户的地位及权力影响，通过节点中心性的度量即可实现 OIP 用户在交互网络中的影响力分析，对探索信息在整个网络中的传播方式和网络结构的演变具有十分重要的意义。实际测量节点中心性时，有研究（詹天成等[150]，2018；李慧和王宗峰[201]，2013）认为应根据研究问题的背景选择测度方法：如果注重关系交互活动，可采用度中心度；如果研究对交互或信息的控制，可采用中介中心度；如果研究信息传递的独立性和有效性，可采用接近中心度。Kratzer 和 Lettl（2008，2009）[202,203]发现网络位置强烈影响并可以预测创造力以及关键用户。例如，被定位为不同群体之间桥梁纽带的个人表现出高度的创造力，因为他们可以获得对产生新想法很重要的各种知识和粘性信息。平亮等（2010）[204]以新浪微博中的“名人”为研究对象，结合“关注”与“被关注”社会网络传播拓扑中用户关系，利用点度中心性、中间中心性和接近中心性三项测度指标探究哪些用户处于社会网络核心地位。

关键用户识别是用户交互“过程”中网络要素，同时也为标识社区结构演化提供支持。本书拟在三种交互网络动态演化中，采用度中心度、中介中心度和接近中心度来度量识别关键用户，为社区结构演化提供数据支持。

三、网络——隐性社区

在线社会网络中，与现实世界相同的一点是“物以类聚，人以群分”。用户依赖多种交互方式紧密联系，形成了群组结构。群组结构是在线社会网络的一个重要结构特征，具有组内个体间关系紧密，组间个体间关系较稀疏的特点。Newman（2004）[184]将这种群组结构称为社区结构。王莉（2015）[186]认为个体通过各种连接关系构成“关系结构”，基于关系结构产生大量信息交流，形成“交互结构”。社区结构在“关系结构”层和“交互结构”层同时存在，但具有不同的形成机制，分别称为显性社区和隐性社区[186]。显性社区基于板块、主题或朋友关系、好友群等所组建，是具有明确分组的社区。隐性社区通常为存在于显性社区中的紧密子群，其结构受显性社区结构的限制。隐性社区并没有明确定义为群组，而是由用户之间的“交互结构”有机形成的，如开放式创新平台中用户通过评论创意项目、关注其他用户创新行为所形成的紧密结构。交互网络中的隐性社区在更深程度上反映了 OIP 中隐含的真实关系，对平台的影响隐蔽而强烈[186,205]。已有研究发现，隐性社区在影响力分析、信息传播、网络营销、舆情预警中有重要的作用[186]，比显性社区更能揭示重要的商业智能信息[205,206]。

在 OIP 中，用户交互过程中会形成个体之间结构紧密的子群，这就是隐性社区。本书对隐性社区的界定为：用户之间的交互行为所产生的隐含子群结构，具有子群内个体之间结构比较紧密，子群间个体关系较稀疏的特征。

目前社区结构研究主要从以下两个方面展开：一是社区发现研究，旨在用何种方法或算法揭示网络中隐含的社区结构。该研究方向在计算机相关研究领域较常见，重点在于社区发现算法的优化及创新。张海涛等（2020）[207]梳理了社区发现的多种方法。

此类研究一般假定社区变化是平缓的，网络变化中存在核心稳定的社区结构。二是社区结构演化，基于现实关系数据的动态演变，从“动态”角度出发，考察不同时间段之间的交互网络结构的变化，这类研究旨在揭示隐性社区演化的背后机理。吴江等（2017）[142]探究用户个体属性和网络结构属性对用户朋友关系网络动态演化的影响，验证了用户更愿与朋友的朋友建立联系。巴志超等（2018）[188]对不同目标需求的微信群中信息交流网络的拓扑结构特征、用户特征量分布、信息交互类型以及演化规律性进行分析。Karan 等（2017）[189]从成员间相互作用的强度和频率，以及不同社区之间重叠的程度描述从初始社区结构到当前网络拓扑结构的时间演化过程。但已有社区结构演化研究忽略了用户交互视角，尚未考虑基于不同类型的交互对隐性社区结构形成及演化的影响。

隐性社区是用户交互“过程”中的网络要素，其演化过程是网络要素变化的重要体现。本书基于用户间不同的交互的输入，在不同交互网络中识别关键用户，由关键用户标识不同的隐性社区，进一步分析隐性社区的成因及隐性社区在用户交互过程中的演化。

第四节 输 出

本书的“输出”是用户持续贡献行为。交互“过程”对“输出”的影响研究是本书的主要议题。社会学者 Granovetter（1985，1992）认为影响人们行为的因素是具体的社会关系。该学者提出了“镶嵌”理论，认为经济行为是镶嵌在社会关系中的，人的效用不是一成不变的，而是会受到周围人或群组的影响。即人的行为会受关系及所在网络结构变化的影响。“镶嵌”理论和场论不谋而合，一个是从社会学视角分析行动者和交互及网络的关系。一个是从场的视角，用场空间中存在的相互作用力等要素，分析对用户行为的影响。根据场论，不同网络结构中，行动者之间的相互影响、相互作用不同，即场力不同。因此，不同网络对行动者的约束和激励有所差异，会导致个体行动的潜在差异。基于“过程”分析用户交互过程中网络要素的演变，即 OIP 中存在的场态效应不断变化，OIP 中的场力也随之发生变化，这是影响用户行为的一个因素。本书基于第二章界定的两类不同的场力：能力场力、关系场力，探讨用户交互过程的场力变化对用户持续贡献行为的影响。

一、场力的测量变量

OIP 中能力场力是用户交互过程中伴随信息交换、知识共享，用户间相互作用产生的场力。关系场力是基于用户交互过程中的社会交换，如点赞、关注等用户间相互作用而产生的场力。本书基于创意线程层面，将用户交互过程中信息交换产生的作用力称为社会反馈。将用户交互过程中社会交换的作用力称为同行认可、社会临场感。周荣、喻登科（2015）[174]在产业网络的研究中指出，对产业网络中的个体而言，竞争力的提升或关系资本的积累，便是场力的作用效果，其提升幅度与速度，可作为场力大小的衡量指标。

（一）能力场力

社会反馈。在 OIP 用户交互过程中，用户间围绕创意展开信息交换、知识贡献的主要方式就是评论。换句话说，评论是用户交互中的一种相互作用。交互网络中用户获得的来自隐性社区其他用户的评论可视为一种作用力，本书称为社会反馈（social feedback）。该力的大小可用某时间段内社会反馈的数量来衡量。

（二）关系场力

OIP 用户交互过程中伴随着社会交换的用户间相互作用有两

种：点赞支持和关注。

同行认可。罗家德（2010）[192]认为，组织场中存在声誉、口碑、顺应潮流等信息类场力。OIP 中，用户在交互过程中获得的点赞支持就是他人对其创意的认可，这种基于社会交换的交互增加了其社会资本，随着信息的传播扩散，用户获得的认可即为其声誉、口碑。交互网络中用户获得的来自隐性社区的所有点赞可视为一种作用力，本书称为同行认可（peer recognition）。该力的大小可用某时间段内同行认可的数量来衡量。

社会临场感。社会临场感（social presence）最早是 Short 等（1976）[208]提出的。他们认为人们在基于媒介的交互中，感受到媒介传递的多种语言和非语言线索信息会引发其社会临场感，交互者会产生强烈的对他人的感知，类似于面对面沟通时的真实感。Han 等（2015）[209]将社会临场感定义为用户感知到社交媒体所创造的一种人类间接触、社交、温暖和敏感的感觉。

交互性被认为是影响社会临场感的一个重要因素。交互形式呈现的信息会引发用户的社会临场感。Kruikemier 研究 Twitter 上政治家与民众的交互，结果表明交互性的交流方式产生了较强的社会临场感。Kim 等（2011）[210]通过对在校学生调查发现，参与者的交互性积极影响对社会临场感的感知。袁勤俭等（2020）[211]认为，系统中交互越社会化，越会提高用户的社会临场感。同时在群体环境中，社会临场感增加群体成员的社会压力和规范，并且增强用户对系统的信任。Yoo 等（2001）[212]认为群体凝聚力会产生社会临场感，且群体凝聚力对社会临场感的影响比媒介的影响更大。Tseng 等（2015）[213]将社会临场感定义为在线社区中用户对互相之间联系的感知，并将社区感作为社会临场感的一个重要维度。研究发现，社会网络中用户的相互依赖性会对社区感产生积极影响。

交互网络中用户获得的来自隐性社区的所有关注可视为一种作用力，本书称为社会临场感。该力的大小可用某时间段内获得关注的数量来衡量。

二、用户创意更新的持续贡献

本书第二章将用户持续贡献行为界定为纵向、继续完善用户创意的持续贡献行为，这也是“输入—过程—输出”研究框架的“输出”。以 LEGO Ideas 平台为例，用户在交互过程中受多种因素的影响会更新已发布的创意。例如，有些作品步骤繁杂，用户初次提交创意时可能细节部分不够完善，通过创意更新来形成自己满意的创意作品，如在原有作品中增加细节设计，如图 3－2 所示。有些创意作品会吸取评论中其他用户的建议来进行调整，再次更新创意，如修改作品某部分的设计，如图 3－3 所示。也有些作品是用户对已提交创意的“再创意”，在同款设计中增加不同颜色的作品或者更换某部分的颜色等，如图 3－4 所示。

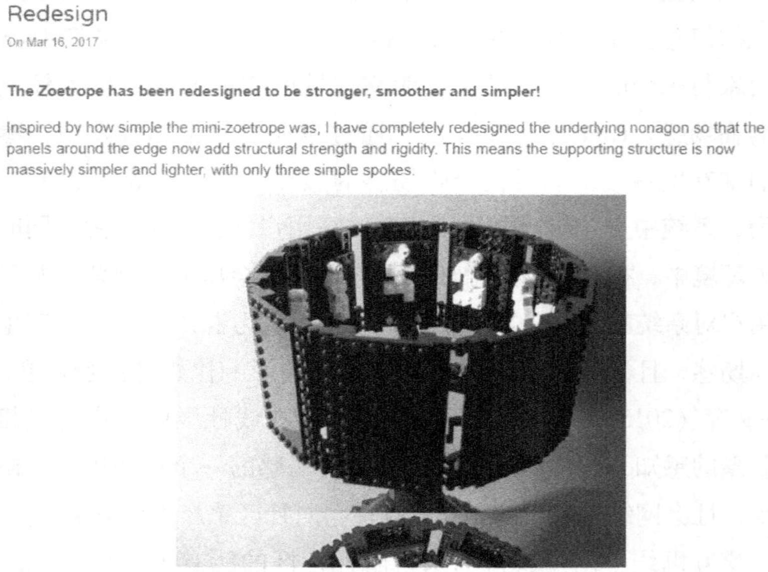

图 3－2 创意更新示例 1

图 3－3　创意更新示例 2

图 3－4　创意更新示例 3

本书基于用户动态交互过程中不同类型的场力对用户持续贡献行为的影响分析，完成“过程”到“输出”的研究。并进一步探究不同规模的隐性社区中场力对用户持续贡献的影响是否存在差异，及影响路径如何。

第五节　研究模型构建

本书基于“须从社会结构和个人在结构中的位置来解释人的行为”这一社会学命题，在 OIP 虚拟组织中进行实证研究：用户动态交互过程中网络要素演化对用户创意更新的持续贡献是否有影响，以及影响机制如何。基于本章引用的“输入—过程—输出”模型构建本书的研究模型，如图 3－5 所示。

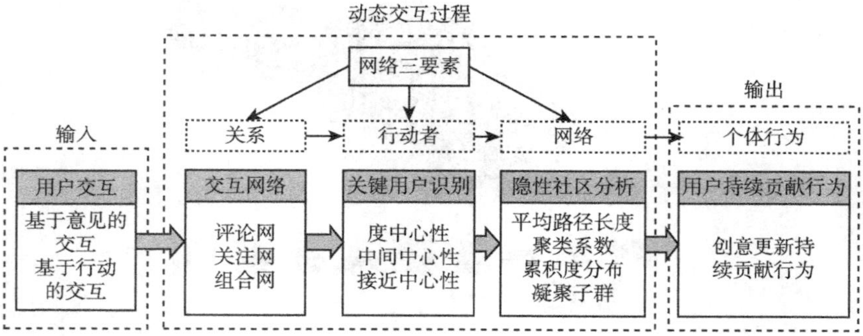

图 3－5　研究模型

主要研究内容如下：

（1）关键用户识别：基于界定的两类用户交互行为，展开用户交互过程动态分析。采用中心性分析，在三类交互网络（评论网、关注网、组合网）动态演化中分别识别关键用户。

（2）隐性社区分析：首先，对三类交互网络进行拓扑结构分析，确定网络性质是否有差异；其次，使用社区发现算法识别不同交互网络的隐性社区，并比较同一阶段三类交互网络中的有关键用户标识的隐性社区，以确定哪类交互对组合网隐性社区形成的影响更大；最后，对组合网隐性社区的演化展开分析，了解其结构随时间变化的特点。

（3）交互过程对用户创意更新持续贡献行为的影响分析：用户交互过程中基于信息交换、社会交换会产生不同类型的场力（能力场力、关系场力），基于负二项回归，验证场力对用户创意更新持续贡献的影响；基于隐性社区划分结果，选择两组网络规模有较大差异的隐性社区子样本，对比不同隐性社区的场力是否对用户创意更新持续贡献行为有差异化影响；使用定性比较分析，从“组态”视角，找出条件组态与因变量间的因果关系，作为对前因变量作用效果的验证，并进一步厘清导致用户创意更新持续贡献行为产生的多种条件组态。

第六节　数据来源与分析工具

一、数据来源

LEGO Ideas（https：//ideas. lego. com）是一个为乐高爱好者提供发表创意和意见的开放式创新平台，由玩家自己创作作品，发布在平台上供大家讨论，创立之初到现在已有十余年时间。这里汇聚了全世界各地的玩家和创作者，他们将对乐高的未来产品进行想象、创造、提案。乐高爱好者可以在不同主题板块中展示他们自己的创意作品，也可对其他人提交的作品进行评论、支持或关注等。如果用户的创意作品在 2 年内得到了 1 万个支持，乐高就会对其评审，并有可能变成乐高的新品，在全世界发售。截至 2020 年 12 月，乐高 LEGO Ideas 拥有超过 180 万注册会员，乐高爱好者已经在社区中提出 36531 个创意作品，有 200 多个作品获得了 1 万票的支持，这其中已经有几十套作品推向市场，获得了广大爱好者的喜爱，包括来自美剧《老友记》的 Central Perk 玩具套装（该套装在发布几小时内就被抢购一空）、来自 NASA 的土星 5 号火箭套装，以及树屋套装（该套装是由植物性的乐高砖块制成的）。乐高的 LEGO Ideas 火爆程度一直呈上升趋势，平台持续发展，用户参与度较高，符合研究分析的要求，是理想的研究对象。

本书自行编写 Python 程序，在 LEGO Ideas 平台中爬取 2020 年 5 月至 2020 年 10 月平台最大的兴趣组“建筑”中的用户交互数据，包括每一个创意项目的用户评论总数、评论时间、评论者，创意获得的支持数、关注数、创意的生存时间，用户所获勋章数、用户在线时长。

二、分析工具

Python 是由荷兰人 Guido van Rossum 发明的一种面向对象的解释型高级编程语言，是当前炙手可热的程序设计语言。其功能强大，具有丰富和强大的库，能够把使用其他语言制作的各种模块轻松地联结在一起。同时还具有快速数组处理、数值运算以及绘图功能等，如 Pandas 数据分析包为时间序列数据分析提供了很好的支持，还可进行数据清洗和整理。本书使用 Python 编写爬虫程序，完成数据收集，然后进行数据清洗。

Pajek 是大型复杂网络分析工具，是用于研究各种复杂非线性网络的分析工具，本书使用 Pajek 计算各种网络测量值，完成个体网中心性分析、隐性社区拓扑结构分析等。

Gephi 是一款基于 JVM 的开源免费的复杂网络分析软件，其主要用于各种网络和复杂系统分析，具有动态和分层图的交互可视化的功能，同时也是一款信息数据可视化利器。本书使用 Gephi 完成社会网络分析结果的可视化处理。

fsQCA 软件是用于定性比较分析的软件，通过数据校准、必要条件分析、真值表分析及编码，完成影响因素的组态分析。本书使用 fsQCA 软件完成用户交互过程对创意更新持续贡献的组态分析。

第四章　基于交互网络动态演化的开放式创新平台关键用户识别

OIP 自创建以来吸引了大量用户参与，创新参与者在其中交流互动、获取信息或表达观点。在社交互动过程中，一部分用户因其活跃性或专业性逐渐成为社区中的关键用户，其他用户则逐渐处于边缘。由于 OIP 用户交互过程中，关键用户对整体网络结构的变化、创新扩散及平台创新绩效起到重要的作用，因此在动态交互过程中识别关键用户是本书的研究问题之一。如何判定一个“行动者”比较重要或者有权力，在社会网络中通过研究中心性来进行判断。第三章基于两类不同的交互行为构建三种交互网络，本章使用社会网络分析的中心性表示社交网络中个体在整个网络中所在中心的程度，采用中心性测量指标：度中心性、中间中心性和接近中心性计算个体特征指标。识别不同时期三种用户交互网络中的关键用户，勾画用户在不同类型交互中的地位、作用及对平台信息传播的参与效果。本章为第五章分析不同阶段交互网络中社区结构的形成和演变奠定了基础。

第一节　引　　言

在社交媒体盛行的今天，企业仅依靠内部有限的资源已几乎无法满足现代创新的要求。于是，很多企业纷纷建立开放式创新平台，汇聚大量外部用户参与到企业产品及服务创新中。然而，已有研究发现，大部分企业所构建的开放式创新平台并未取得预期效果，存在创新用户参与度低、缺乏有价值的贡献等一系列问题。如何让开放式创新平台持续发展，保持用户的活跃度是很多企业所面临的现实问题。有效的互动沟通可以促进创新用户间的交流，并创造新的知识和见解。很多创意是用户提出的，而进一步的选择、精练以及最终实现这些想法却更多依赖于平台用户之间的交互，创造力不是发生在人们的头脑中，而是在互动中。互动水平的提高使得思想的交叉融合越来越有可能。因此，用户交互有望带来更多更好的新想法。同时，平台的用户交互还会涌现出一批有影响力的关键用户，其对平台的信息传播、创新扩散和平台活跃度起着重要作用。可见，了解用户交互行为，寻找关键用户，是开启企业开放式创新平台当前问题解决之道的一把“钥匙”。

在线交互是社交媒体用户实现社交互动的典型信息行为，其具体表现有点赞、关注、转发、评论等多种交互方式。在企业开放式创新平台中，用户提交创意之后，其他用户对该创意展开评论，或直接投票表示支持。还有的用户浏览创意后选择关注该用户及其创意，一直追踪其发展变化。在第三章的研究模型构建中，我们将开放式创新社区用户交互分为两类：基于意见的交互和基于行动的交互。基于这两类用户交互，并分别构建了 3 种交互网络：评论网、关注网和组合网。社会网络中个体网研究主要从“关系”的角度出发对权力进行定量研究，给出多种关于中心性的量化指标[176]。中心性常用以表达社交网络中个体在整个网络中所在中心的程度，反映了所对应用户的地位及权力影响。网络中节点的价值首先取决于其在网络中的结构位置，位置越中心的节点，其价值也越大。本章使用三个常用的中心性测量指标：度中心性、中间中心性和接近中心性，来测量网络中节点的权力影响，分析用户交互行为特征并寻找关键用户。

在传统的社会网络分析中，无论是整体网分析还是个体中心网分析，数据对象大多使用截面数据。事实上，随着时间的推移，社会网络中用户之间的关系是不断变化的，用户会建立、保持或消除与其他用户之间的关系，从而改变整个网络的拓扑结构，因此需要采用社会网络动态分析方法，才能更好地反映实际状态的、变化的网络，发现用户间关系变化与网络形成及结构变化之间的协同关系。基于此，本章使用历时数据分析，发现个体网络指标即中心性随时间的变化，分析不同时期用户的交互行为特征，勾画用户在不同类型交互中的地位、作用及对平台信息传播的参与效果，以期发现网络中的关键节点。

第二节 关键用户的内涵及作用

一、关键用户的内涵

在社会网络关键节点分析的研究中，关键用户或重要用户的概念经常被使用。关键用户往往强调用户在社会网络结构中举足轻重的地位或影响力。例如，与其他用户联系较紧密或者在网络社区的不同社团间起桥梁作用的用户，都属于关键用户的讨论范畴。学术界关于关键用户的概念并未明确界定，而且存在与关键用户近似的概念，如意见领袖、领先用户、专家用户和高影响力用户等，本节首先归纳关键用户的定义并区分与其近似的几个概念。

意见领袖的概念被广泛使用。基于“两级传播”假设，Lazarsfeld 等（1968）认为，意见领袖总是最先获知信息，利用他们的隐性知识来处理信息，然后将其传播给其他人，并据此提出了意见领袖的定义：能够影响周围人的个人或群体称为意见领袖[214]。在与网络社区相关的研究中，意见领袖的概念主要突出了他们对他人的影响，与高影响力用户的内涵相近[215-217]。

领先用户的概念是由 Von Hippel[14] 教授于 1986 年提出的，此后这一群体一直受业界和学界的重视。领先用户有两个特征：一是趋势领先，他们的需求会在未来普遍存在，但是他们比其他人提前几个月或几年就会面临这种需求；二是高期望收益，当某种需求尚未在市场上提供时，领先用户可以开发满足这些需求的解决方案，从而获取显著的利益[14]。领先用户强调的是本身具有较强创新性的用户，社交能力或与其他社区用户的交流未必很强。

专家用户多见于在线问答社区的研究中，由于专家用户在某一领域拥有广泛深入的专业知识，他们的意见和专业解答经常被采纳，给社区中的其他用户提供咨询或帮助[217]。但专家用户通常不会积极参与创新活动，其社交属性偏弱。

基于几个近似概念的辨析，本书认为 OIP 中的关键用户是指在社区中活跃度高，保持与其他用户的联系紧密，并对社区中信息传播速度和广度有积极影响的用户。

二、关键用户的作用

OIP 中，用户通过参与各种创新活动，进行信息交流、知识共享和情感支持。关键用户作用的发挥对社区结构的变化、创新绩效产出有重要的影响。关键用户的作用主要体现在以下两个方面。

一方面，关键用户对 OIP 交互网络中信息的生成、传递与分享具有促进作用。关键用户是指 OIP 交互网络中具有较强信息交互能力的用户，影响力是关键用户本身固有的一种属性，表示在信息交互过程中关键用户利用自身专业知识及社会资本等影响其他用户认知和行为的程度。OIP 交互网络是依靠信息交换、社会交换进行交互而形成的网络，具有无标度（scale－free）性质，该网络中注定少数用户掌握大多数话语权，对信息传递过程发挥着非常显著的作用。它处于 OIP 交互网络结构中的枢纽位置，对网络的信息生成、传递与分享具有促进作用。

另一方面，关键用户能够影响 OIP 交互网络其他用户的认知和意向活动。关键用户在引导其他用户认知和行为改变的过程中扮演了重要的角色，他们与提交创意和情感支持的用户进行交互，围绕某个创意从不同的角度提出自己的建议，对其他用户施加个人影响，并根据其他用户的交互行为活动发出合理的信息反馈。关键用户在一定的社区结构和传播路径中发挥作用，能够影响其他用户的认知和意向活动，这些关键用户对其他用户的影响力较大。

第三节　研究设计

中心性用以表达社交网络中个体在整个网络中所在中心的程度，也是测度用户社交活跃程度的重要指标。节点中心性主要分为度中心性（Degree Centrality）、介数中心性（Betweeness Centrality）和接近中心性（Closeness Centrality），其中每一种中心性都有中心度和中心势两种度量方法。中心度是指某个节点在网络中居于核心地位的程度，而中心势则指整个网络的一致性（即图的中心度）。在开放式创新平台中，我们重点研究用户之间的互相评论和关注行为所构建的交互网络，选择度中心度、中间中心度和接近中心度来测量用户的社交活跃程度，对3种交互网络：评论网、关注网和组合网完成中心性分析。

一、动态交互网络构建

交互过程中，用户间的关系不是一成不变的，因而导致个体在网络中的位置随之发生变化。关键用户的识别也应在交互网络动态变化中进行，即首先基于两类交互（基于意见的交互、基于行动的交互）分别构建评论网、关注网。网络中的节点表示开放式创新平台中的参与用户，用户间的评论或关注关系为网络中的边。由于用户交互不受一种类型的限制，研究结合评论和关注的组合网络是必然的，组合网是将评论关系和关注关系都视为用户间关系的网络。因此，根据用户交互关系构建了以下三种交互网络：关注网络（follow 网）、评论网络（comment 网）、关注和评论的组合网络（combined 网）。分不同时间窗口，在动态交互网络中利用中心性识别关键用户。

二、中心性分析

（一）度中心度

通过网络中节点拥有的连接数，分析其直接影响力，用于测量某节点与其他节点的交互能力。在 OIP 用户交互网络中，当一个用户与多个用户有直接的评论或关注关系时，则用户处于网络的中心地位并拥有一定的影响力。

（二）中间中心度

在开放式创新社区用户交互网络中，当一个用户处于许多其他点对的最短路径上时，该用户将拥有控制其他用户之间交往的能力，是网络中媒介型用户。此类用户对平台创新资源有一定的控制程度，可度量此类节点对网络中信息流动的影响。

（三）接近中心度

根据节点与网络中其他节点的“距离”，分析用户不受他人控制的程度。该节点距离其他节点越近，那么它的接近中心度越高。反映用户交互中信息传递的有效性。在开放式创新社区用户交互网络中，当一个用户与网络中其他用户的距离越短，该用户的信息传递能力越强，是网络中的关键用户。

第四节　数据源与数据处理

本书自行编写Python程序，在LEGO Ideas中爬取2020年5月1日至2020年10月30日中平台中最大的兴趣组“建筑”中的用户交互数据，包括每一个创意项目的用户评论、评论时间、评论者以及用户所有关注行为的数据。对获取的原始数据进行数据清洗，剔除无实质或重复的内容，最终获得3081个样本用户，并以此为基础，检查与之相关用户的交互关系。

已有社会网络动态分析的文章对于网络阶段的时间窗口划分没有统一的规定，大多根据研究对象的实际情况进行划分。现有学者在研究在线社会网络时，以一个月为时间节点进行划分[182,213]。还有学者以两个月为一个阶段提取在线社区的关系数据进行网络演化的研究[218]。参考前人研究，并结合LEGO Ideas的用户交互数据量，本书以两个月为时间窗口进行动态分析。

第五节　数据分析

中心性用以表达社交网络中个体在整个网络中所在中心的程度。本章使用三个常用的中心性测量指标：度中心性、中间中心性和接近中心性，将研究对象分为三期数据，每两个月作为一个时间窗口，试分析不同阶段个体网络变量对交互网络演变的影响。

一、度中心性分析

度中心性是指一个节点与其他节点直接相连的关系总数。一个节点的度越大就意味着这个节点越重要，在各种社会关系网络中，度中心度值大的用户，通常是最活跃、最具影响力的。本书利用 pajek 计算“建筑”兴趣组的三类交互网络中所有个体的度中心度，并分三阶段展示度中心度最高的前 10 名用户，如表 4 - 1 所示，以便更直观地比较不同时期和不同网络的关键用户。

在表 4 - 1 中，5 ~ 6 月的三类交互网络中，只有 2 位用户（#14、#101）同时出现在三类网络的前 10 名中。换句话说，拥有最多关注关系的用户并不一定拥有最多评论关系。在合并后的网络中，排名前 10 的用户中有 7 位出现在评论网络中，而出现在关注网络的前 10 位用户中的有 5 位。7 ~ 8 月的三类交互网络中，同样只有 2 位用户（#32、#33）同时出现在三类网络的前 10 名中，关注网和评论网都有 6 位用户出现在组合网络的前 10 名中，两类网络平分秋色。9 ~ 10 月的三类交互网络中，有 4 位用户（#33、#41、#51、#139）同时出现在三类网络的前 10 名中，而且，#33 用户连续 4 个月都活跃在平台上，且在组合网络中的名次进一步上升。关注网有 4 位用户出现在组合网络的前 10 名中，#101 用户依然保持关注网中的第三位，但却未出现在组合网的前 10 中。评论网的 10 位用户均出现在组合网络的前 10 名中。数据表明，5 ~ 10 月，用户交互中评论关系占据主导，但关注关系的影响渐渐凸显，且关注网络中有几名一直排名靠前（#98、#101、#33）说明关注关系相对稳定且持久。

纵向看关注、评论网的 3 期数据，关注网中#98、#101、#33 用户在 3 期中均能保持有较高的度中心度，其社交圈比较广，在关注网络中有一定的影响力。相比之下，评论网除了#33 用户之外，很难有用户一直保持较高的度中心度，说明评论网中的用户普遍积极参与评论，影响力排名经常被刷新，用户间基于评论的交互给平台带来了活力。

表 4 – 1　不同阶段各网络度中心度最高的前 10 名用户

		关注网		评论网		组合网	
5~6月	排名	Id	用户名	Id	用户名	Id	用户名
	1	#98	RobenAnne	#9	AndrewClark2	#9	AndrewClark2
	2	#101	POTATO X	#4	Mukkinn	#101	POTATO X
	3	#14	mimi68	#63	Spacewalker78	#98	RobenAnne
	4	#111	ExcelsiorUK	#53	Micro_Model_Maker	#14	mimi68
	5	#26	Julie_Beans	#33	Tim10000	#4	Mukkinn
	6	#402	Ldd_fan	#28	LuisPG	#111	ExcelsiorUK
	7	#47	Mr_Kleinstein	#14	mimi68	#26	Julie_Beans
	8	#29	lachie1023	#69	M7rock_3468	#63	Spacewalker78
	9	#258	polinozs	#101	POTATO X	#53	Micro_Model_Maker
	10	#354	PhilmMaker15	#39	cheeseinthepie	#28	LuisPG
7~8月	排名	Id	用户名	Id	用户名	Id	用户名
	1	#33	Tim10000	#62	Stephanix	#33	Tim10000
	2	#101	POTATO X	#33	Tim10000	#62	Stephanix
	3	#54	Damian T	#48	Mitsuru Nikaido	#101	POTATO X
	4	#98	RobenAnne	#63	Spacewalker78	#48	Mitsuru Nikaido
	5	#262	whatsuptoday	#19	Han Sbricksteen	#54	Damian T
	6	#39	cheeseinthepie	#32	penpen2012	#63	Spacewalker78
	7	#313	doomsday357	#59	JediPippin	#19	Han Sbricksteen
	8	#266	Techtonos	#53	Micro_Model_Maker	#32	penpen2012
	9	#32	penpen2012	#85	BrickBelt	#98	RobenAnne
	10	#58	Croc – blanc	#89	MoMoLam	#39	cheeseinthepie
9~10月	排名	Id	用户名	Id	用户名	Id	用户名
	1	#33	Tim10000	#51	OrientExpress26	#33	Tim10000
	2	#98	RobenAnne	#33	Tim10000	#51	OrientExpress26
	3	#101	POTATO X	#63	Spacewalker78	#63	Spacewalker78
	4	#39	cheeseinthepie	#1	cmortay	#139	BrixGoFar
	5	#51	OrientExpress26	#139	BrixGoFar	#1	cmortay
	6	#72	doomsday357	#133	BlueFalconNinja	#39	cheeseinthepie
	7	#10	INTJ – 04	#39	cheeseinthepie	#133	BlueFalconNinja
	8	#139	BrixGoFar	#19	Han Sbricksteen	#19	Han Sbricksteen
	9	#18	DavideSacra	#28	LuisPG	#28	LuisPG
	10	#71	bricks474	#29	lachie1023	#29	lachie1023

二、中间中心性分析

中间中心性度量的是一个行动者对其他行动者以及社群资源的控制程度。如果一个节点处于很多其他节点对的捷径（最短路径）上，该节点就具有较高的中间中心度。具有高中间中心度的用户通常被看作不同社区之间的桥梁。表4－2显示了三个不同阶段中每类交互网络中间中心度前10名的用户列表。结果显示，5～6月组合网络中间中心度前10名的用户在关注网和评论网中各占6名。其中有两名用户（#14、#47）均出现在评论网和关注网的前10名名单中，#14也同样出现在5～6月的度中心度前10列表中，说明该用户不但积极参与用户的评论和关注两类交互，还对网络与其他用户的交互进行控制和协调。7～8月组合网前10名中有6名来自评论网，4名来自关注网。9～10月的评论网在合并后的网络中提供了更多的高中间中心度用户（8个重叠），而关注网只有3个重叠数据。

从这3期数据来看，评论网的高中间中心度用户在组合网的比重略有增加，且组合网高中间中心度的前4位用户几乎都来自评论网。这说明相对关注关系，积极参与创意讨论的用户更多地控制信息传递及社区资源。#14、#19、#33、#63、#69的中间中心度与点度中心度均排在靠前的位置，这几个用户是平台的活跃用户，他们非但是网络中的中心人物，还兼具媒介者的作用，是网络桥梁及重要的中心节点，很多人获取信息都需要通过他们。就像我们身边的那种社交达人，我们通过他/她会认识不少新朋友。这些用户在创新参与及创新扩散的过程中充当沟通其他用户的“桥梁”，对创新扩散有较强的控制权。

纵向看关注、评论网的3期数据，关注网中#98、#101用户在3期中均能保持有较高的中间中心度，其“桥梁”的地位相对稳定。评论网中只有#63用户出现在3期数据中，随后#33、#19用户在后2期数据中排名一直上升，超越#63用户。这说明关注网中媒介型用户的地位相对稳定且持久，而评论网中，用户比较积极参与创意讨论，评论关系日新月异，用户很难保持稳定的“桥梁”媒介，但在组合网中中间中心度前4位的用户大多来自评论网，说明平台中“评论”关系占据主导，而关注网中一直由少数媒介型用户控制信息资源，“关注”关系相对稳定。

表4-2　不同阶段各网络中间中心度最高的前10名用户

		关注网络		评论网络		组合网络	
	排名	Id	用户名	Id	用户名	Id	用户名
5~6月	1	#14	mimi68	#63	Spacewalker78	#69	M7rock_3468
	2	#98	RobenAnne	#47	Mr_Kleinstein	#98	RobenAnne
	3	#101	POTATO X	#69	M7rock_3468	#14	mimi68
	4	#26	Julie_Beans	#9	AndrewClark2	#9	AndrewClark2
	5	#111	ExcelsiorUK	#93	mitenko	#93	mitenko
	6	#47	Mr_Kleinstein	#14	mimi68	#57	XRay8K
	7	#258	polinozs	#53	Micro_Model_Maker	#26	Julie_Beans
	8	#29	lachie1023	#44	ruimrbranco	#101	POTATO X
	9	#248	Lego Technic Mastery	#4	Mukkinn	#47	Mr_Kleinstein
	10	#57	XRay8K	#157	PIANODUDE04	#4	Mukkinn
7~8月	排名	Id	用户名	Id	用户名	Id	用户名
	1	#33	Tim10000	#62	Stephanix	#62	Stephanix
	2	#101	POTATO X	#33	Tim10000	#33	Tim10000
	3	#262	whatsuptoday	#63	Spacewalker78	#32	penpen2012
	4	#58	Croc - blanc	#6	JonathanLoo	#19	Han Sbricksteen
	5	#313	doomsday357	#32	penpen2012	#54	Damian T
	6	#54	Damian T	#19	Han Sbricksteen	#101	POTATO X
	7	#266	Techtonos	#39	cheeseinthepie	#39	cheeseinthepie
	8	#98	RobenAnne	#59	JediPippin	#104	Melvin7s
	9	#291	INTJ - 04	#53	Micro_Model_Maker	#59	JediPippin
	10	#34	KingsKnight	#85	BrickBelt	#98	RobenAnne

续表

		关注网络		评论网络		组合网络	
	排名	Id	用户名	Id	用户名	Id	用户名
9~10月	1	#33	Tim10000	#51	OrientExpress26	#33	Tim10000
	2	#98	RobenAnne	#33	Tim10000	#51	OrientExpress26
	3	#157	PIANODUDE04	#146	Luke Lyons	#146	Luke Lyons
	4	#74	yUSAF	#19	Han Sbricksteen	#19	Han Sbricksteen
	5	#82	martiyo	#139	BrixGoFar	#98	RobenAnne
	6	#8	SnahMac	#133	BlueFalconNinja	#139	BrixGoFar
	7	#101	POTATO X	#63	Spacewalker78	#29	lachie1023
	8	#66	Becke1995	#66	LM71Blackbird	#39	cheeseinthepie
	9	#29	lachie1023	#39	cheeseinthepie	#133	BlueFalconNinja
	10	#14	bricks474	#29	lachie1023	#282	Peanutgallery4

三、接近中心性分析

接近中心性度量的是行动者在多大程度上不受其他行动者的控制。一个具有较高接近中心度的节点，在信息获取的过程中较少依赖于其他节点。接近中心性分析可以发现网络中消息传递的快捷途径和对消息传播有重要作用的节点。表4－3展示了每一期不同交互网络中接近中心度最高的Top10用户，5～6月关注网与组合网有4个重叠，评论网与组合网有5个重叠。7～8月同前一阶段一样，关注网与组合网有4个重叠，评论网与组合网有5个重叠。9～10月，关注网和评论网均与组合网有5个重叠。从3期数据来看，关注网的高接近中心度用户在组合网的占比逐渐凸显，相对评论关系，关注网的用户对社区信息获取较容易。排序越靠前的节点说明其可以更快捷地与其他节点进行信息传递，如#33。

纵向看关注、评论网的3期数据，关注网中的高接近中心度用户变化比较大，用户#14、#111在第1、第3期重复出现，用户#33在第

2、第3期有重复出现，只有少量用户能够保持与其他用户较近的距离，及时获取他人的创意动态，或自己的动态被获知。评论网情况略有不同，用户#211、用户#121在3期数据中均有出现，#33、#63、#90用户在第2、第3期数据中出现。这些用户能在一段时间内保持高接近中心性，一直距离其他节点比较近，更容易被别人“看到”，他们发布的创意更新或评论能很快被获知，也能较快地获取他人的创意评论，这类用户在创意精练及更新中起着重要作用。

表4-3　不同阶段各网络接近中心度最高的前10名用户

		关注网络		评论网络		组合网络	
5~6月	排名	Id	用户名	Id	用户名	Id	用户名
	1	#26	Julie_Beans	#84	LM71Blackbird	#26	Julie_Beans
	2	#354	PhilmMaker15	#108	catzndragonz	#84	LM71Blackbird
	3	#258	polinozs	#121	Brick picker	#4	Mukkinn
	4	#14	mimi68	#182	argo71	#9	AndrewClark2
	5	#111	ExcelsiorUK	#30	FungWan	#90	GeekMomLife
	6	#101	POTATO X	#211	Lightningtiger	#14	mimi68
	7	#98	RobenAnne	#9	AndrewClark2	#258	polinozs
	8	#309	cpb14	#39	cheeseinthepie	#108	catzndragonz
	9	#53	Micro_Model_Maker	#179	Project Lego	#111	ExcelsiorUK
	10	#45	world2913	#14	mimi68	#30	FungWan
7~8月	排名	Id	用户名	Id	用户名	Id	用户名
	1	#33	Tim10000	#62	Stephanix	#33	Tim10000
	2	#313	doomsday357	#33	Tim10000	#62	Stephanix
	3	#58	Croc - blanc	#63	Spacewalker78	#6	JonathanLoo
	4	#266	Techtonos	#121	Brick picker	#19	Han Sbricksteen
	5	#291	INTJ - 04	#228	catzndragonz	#32	penpen2012
	6	#44	saabfan	#211	Lightningtiger	#48	Mitsuru Nikaido
	7	#54	Damian T	#6	JonathanLoo	#121	Brickpicker
	8	#6	JonathanLoo	#90	nitramvortimid	#182	argo71
	9	#600	Tigerdyr1000	#182	argo71	#291	INTJ - 04
	10	#66	BrickGallery	#362	jvolekas	#54	Damian T

续表

		关注网络		评论网络		组合网络	
	排名	Id	用户名	Id	用户名	Id	用户名
9~10月	1	#33	Tim10000	#51	OrientExpress26	#33	Tim10000
	2	#15	BrixGoFar	#33	Tim10000	#51	OrientExpress26
	3	#157	PIANODUDE04	#362	jvolekas	#121	Brick picker
	4	#14	bricks474	#211	Lightningtiger	#362	jvolekas
	5	#32	doomsday357	#121	Brick picker	#18	DavideSacra
	6	#66	Becke1995	#63	Spacewalker78	#139	BrixGoFar
	7	#18	DavideSacra	#179	Project Lego	#157	PIANODUDE04
	8	#48	Mitsuru Nikaido	#1	cmortay	#45	Nikita_School
	9	#111	ExcelsiorUK	#18	DavideSacra	#71	bricks474
	10	#40	Zach - And - Emmet	#90	nitramvortimid	#251	Sleepy17

第六节 本章小结

现有对关键用户识别的研究大多基于“静态”分析，虽然可以识别关系网络中的关键用户，但不能真实反映关系数据的动态演变。在用户交互过程中，用户间的关系不是一成不变的，导致个体在网络中的位置随之发生变化。关键用户的识别也应在交互网络动态变化中进行。

本章基于3种交互网络：评论网络、关注网络、组合网络的动态演化，每两个月作为一个时间窗口，通过中心性分析，计算不同阶段不同网络中各个节点的中心度识别关键用户。由数据分析结果可知：

第一，从度中心性分析结果来看，用户交互中评论关系占据主导，评论关系随时间变化较大，更多的是百家争鸣的景象，很难有用户一直保持较高的平台影响力，这些高影响力用户可通过其良好的互动基础及话语权，有效引导平台创新的趋势，并积极推进创新扩散。而关注关系相对稳定且持久，如#98、#101、#33用户在3期中均能在关注网中保持较高的度中心度。

第二，从中间中心性结果来看，用户积极参与创意评论，很难有用户一直稳居“桥梁”的位置，评论关系随时间变化较大；而关注网中，有些用户可以在一段时间内保持自己的“桥梁”位置，如#98、#101，从时间变化来看，“关注”关系较稳定、持久；组合网中控制信息传递及社区资源的媒介者大多来自评论网。处于“桥梁”位置的用户扮演着媒介者的角色，他们通过自身促成用户间的协作和沟通关系，形成群组与群组间的创新扩散信息生态，促进重叠社群的演化，并促进多元声音的流动。

第三，组合网中来自关注网的高接近中心度用户占比逐渐凸显，相对评论关系，关注网的用户对社区信息获取较容易。随着时间的变化，关注网中的高接近中心度用户变化比较大，只有少量用户能够保持与其他用户较近的距离，及时获取他人的创意动态，或自己的动态被获知。评论网情况略有不同，#211、#121、#33、#63、#90用户能在一段时间内保持高接近中心性，一直距离其他节点比较近，更容易被别人“看到”，他们发布的创意更新或评论能很快被获知，也能较快地获取他人的创意评论，这类用户在信息传递的有效性上表现突出，且在创意精练及更新中起着重要作用。

开放式创新平台用户
交互与持续贡献
行为研究
Chapter 5

第五章 隐性社区形成及演化研究

第四章基于用户间不同交互行为的输入，在动态构建的不同交互网络中识别关键用户，行动者这一网络要素会直接影响网络结构。因此，本章基于隐性社区的形成及演化，研究用户交互过程中另一网络要素的变化。首先，对评论网、关注网和组合网三类交互网络的性质进行分析；其次，基于社区发现算法，对比同一阶段三类交互网络中的隐性社区，并利用关键用户标识不同的隐性社区，进一步分析隐性社区的成因及隐性社区在用户交互过程中的演化。由此完成用户交互过程网络要素的分析。

第一节　引　　言

在用户参与的开放式创新平台中存在许多社区结构（显性社区和隐性社区[205,206]）影响着参与者的活跃度和整个平台的生命力。其中，显性社区通常是基于“关系结构”如基于主题、板块或朋友关系等所组建的[186]，用户通过加入群组参与平台活动。相反，隐性社区并没有明确定义为群组，而是由创新用户之间的“交互结构”有机形成的[219]。例如，用户可以评论创意；用户关注其他用户，可以追踪其创意的更新变化等。这些活动构建了OIP用户之间的互动关系，并形成了一个复杂的交互网络。交互网络中的隐性社区反映了OIP中隐含的真实关系，对平台的影响更加隐蔽而强烈[186,205]，比显性社区更能揭示重要的商业智能信息。OIP中信息传播、创新扩散和知识共享通过用户之间的交互流动和传播，并脱颖而出一些优质的创意，从而可以获得企业创新所需的高价值信息。

目前，关于企业OIP的研究成果非常丰富。学者们对领先用户识别、知识共享、持续贡献行为的研究较多，但针对社区网络结构和演变的研究相对较少。尤其是少有关于隐性社区的形成、特征及演化的研究。创新平台用户之间不同类型的交互（评论或关注）具有不同的特征，形成差异化虚拟社会网络，并在促进 OIP 持续发展和创意产出方面发挥重要作用。随着时间的推移，用户会建立、消除或者保持与其他用户之间的交互，用户间交互行为的演变及关键用户的网络位置会改变整个网络的拓扑结构，这是一个动态的过程[192,220]。这些交互行为的背后，可能提取出代表用户之间真实关系的隐藏社会结构[219]。通过分析 OIP 中用户交互网络中隐性社区的特征和动态，可以研究 OIP 用户网络结构的形成、增长和演化，及交互网络对创新扩散的影响。

本章在关键用户识别及所构建 OIP 用户评论网络、关注网络以及组合网络的基础上，挖掘 OIP 中的隐性社区，分析开放式创新平台用户交互行为对交互网络中隐性社区的形成及动态演化的影响，拟探索以下问题：第一，不同类型的交互所形成的隐性社区是否具有不同的性质？第二，哪种类型的交互对隐性社区的形成更重要？第三，隐性社区如何演变？以期了解不同类型的用户交互及关键用户对隐性社区形成及演化的影响，为管理者有针对性地开展平台管理工作提供一定的指导，提升 OIP 用户的活跃度，促进创意的有效产出。

第二节　研究设计

本章基于第四章构建的三种交互网络：关注网络（follow 网）、评论网络（comment 网）、关注和评论的组合网络（combined 网），采用社会网络分析（SNA），揭示关系和交互的模式，并发现 OIP 中的隐性社区结构。本章利用 SNA 中整体网络结构研究中的三种主要分析类型，即拓扑分析、社区分析和演化分析，以两个月为时间窗口，从整体、个体、小团体三个层面研究 OIP 用户交互网络对隐性社区的影响。研究框架如图 5－1 所示。

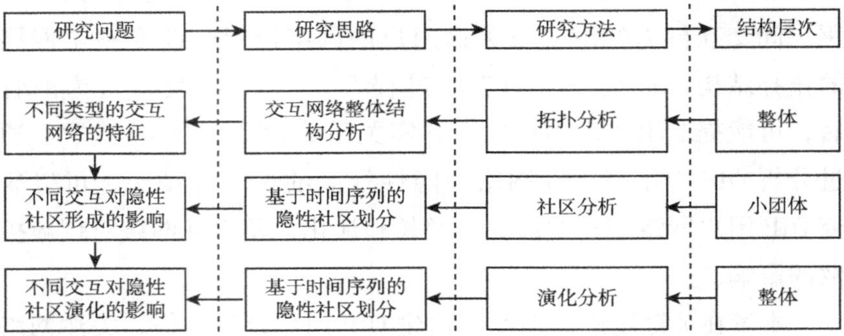

图 5－1　研究框架

一、拓扑分析

拓扑分析可被用来发现网络的结构特性。构建评论网络、关注网络以及组合网络，针对不同的社会网络分别计算三种交互网络的聚类系数、平均路径长度和累积度分布，以期从整体视角分析 OIP 交互网络的特征，旨在了解不同类型的交互网络是否具有不同的性质。

二、社区分析

社区分析旨在识别社会网络中的隐性社区及其动态演化过程。通过最大化组内链接密度，同时最小化组间连接密度来发现网络中的隐式社区。使用基于模块度的 Louvain 社区发现算法划分社会网络的社区，识别社会关系网络中的隐性社区结构。首先，对每一个阶段的三类网络进行统计分析，获得隐性社区的初始特征数据；其次，将隐性社区可视化，根据关键用户所在的网络类型和位置，分析评论网络与关注网络对组合网络的作用。

三、演化分析

对三个阶段的三类网络进行演化分析。通过对同一时间的三种不同社会网络的横向比较，识别组合网络中重要的网络关系，探究何种交互对隐性社区的形成更重要，并结合同一关系网络在不同阶段的纵向变化，分析不同网络的演化特征。

第三节　数据集与数据处理

一、数据来源

本书自行编写 Python 程序，在 LEGO Ideas 中爬取 2020 年 5 月至 2020 年 10 月间平台最大的兴趣组“建筑”中的用户交互数据，包括每一个创意项目的用户评论、评论时间、评论者以及用户所有关注行为的数据。对获取的原始数据进行数据清洗，剔除无实质或重复的内容，最终获得 3081 个样本用户，并以此为基础，检查与之相关用户的交互关系。

二、数据处理及工具

基于构建的三种交互网络：关注网络（follow 网）、评论网络（comment 网）、组合网络（combined 网）。并使用 pajek 计算相关网络特征数据。最后，对不同的交互网络做社区分析，利用 Gephi 划分社区并将网络可视化。

已有网络演化的文章对于网络阶段的时间窗口划分没有统一的规定，大多根据研究对象的实际情况进行划分。已有学者在研究在线社会网络时，以一个月为时间节点进行划分[191,221]。还有学者以两个月为一个阶段提取在线社区的关系数据进行网络演化的研究[218]。参考前人研究，并结合 LEGO Ideas 的用户交互数据量，本书以两个月为时间窗进行社区演化分析。

第四节　结果分析

社会网络分析（SNA）可用于揭示关系和交互的模式，并发现 OIP 中的潜在社会结构。本书将利用 SNA 中整体网络结构研究中的四种主要分析类型，即拓扑分析、社区分析和网络演化研究 OIP 隐性社区的形成及演化过程。

一、交互网络拓扑分析

在复杂网络的研究中，拓扑分析可被用来发现网络的结构特性。一些广泛用于网络拓扑描述的测量指标有平均路径长度、聚类系数和度分布。社会网络环境下用户关系网络的形成和发展受到多方面因素的影响，演化出了复杂的拓扑结构。网络中用户关系数量呈指数增长，表现出无尺度特性以及小世界效应。不同的网络拓扑结构可以解释不同的网络功能，因此众多学者将复杂网络理论及其模型引入关系网络的研究中，提出了随机图模型[222]、小世界模型[180]、无标度模型[181]等来描述网络的拓扑结构及相关问题。

如表 5－1 所示，从三个网络的节点数来看，一半用户是

"潜水"用户，不曾参与任何评论，更多的用户选择默默关注其他用户或创意，只有9%的用户同时参与了两种类型的交互，评论和关注了其他用户或其创意。聚类系数表明，评论网（0.255）比关注网（0.094）具有更大的内聚性，交互程度也更深，组合网（0.250）受评论网的影响略大。关注网的聚类系数0.094远低于评论网和组合网，表明用户可能只关注了其他用户的部分创意，交互深度不够，或用户之间的连接不是随机的，而是根据其偏好产生的，用户的偏好较分散（关注网最大入度为40，最大出度为310），因此聚集效果不明显。三个网络的平均路径长度都小于10，该社区中每两个用户平均仅需要不到4个用户来建立联系，比"六度分割"还要小，说明用户愿意彼此交流，创新扩散的速度较快，用户之间的交互得到有效支持。

表5-1　不同类型交互网络拓扑分析的统计特征

交互网络	关注网	评论网	组合网
节点数	2076	1518	3021
连接数	3408	3870	7368
聚类系数	0.094	0.255	0.250
平均路径长度	3.59	3.62	3.84
平均度	3.28	5.96	4.88

网络的累积度分布如图5-2、图5-3、图5-4所示。这三个网络的度分布均遵循幂律分布，由此可以判断三个交互网络都具有无标度特性，且拟合度高（关注网：$R^2=0.96$；评论网：$R^2=0.98$；组合网：$R^2=0.98$）。这表明少数用户涉及大量的交互，它们是网络的"中心"，随着网络规模的不断扩大，新的节点更倾向于与那些具有较高连接度的hub节点相连接。评论网的拟

合系数略高于关注网意味着，相对于关注用户或其创意的更新，平台用户更多的交互行为是发表评论，或会对某些创意展开激烈的讨论（评论网最大入度200）。

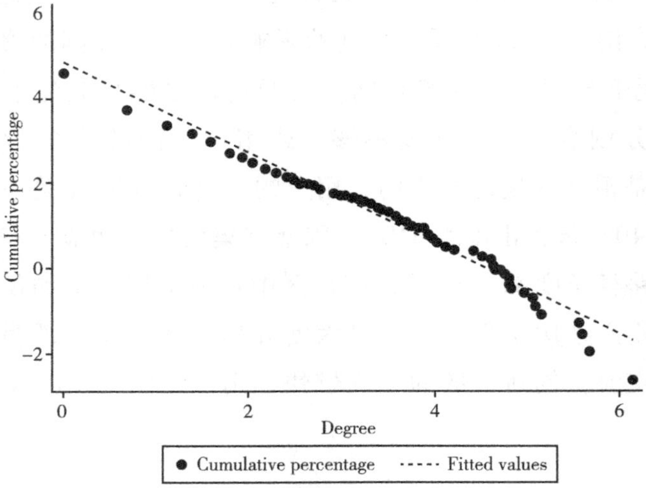

图5－2　评论网累积度分布

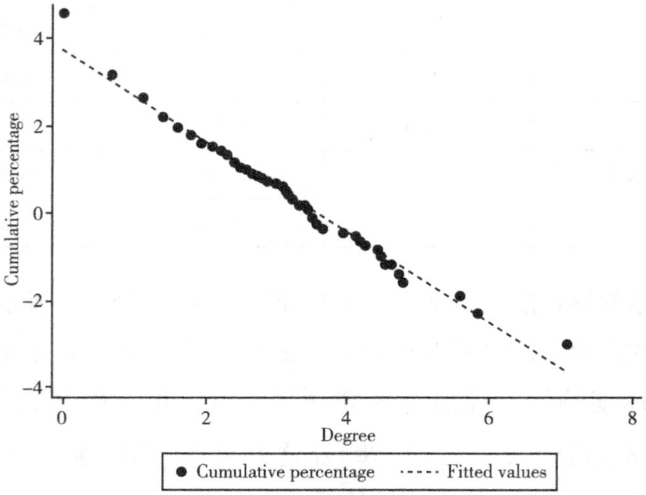

图5－3　关注网累积度分布

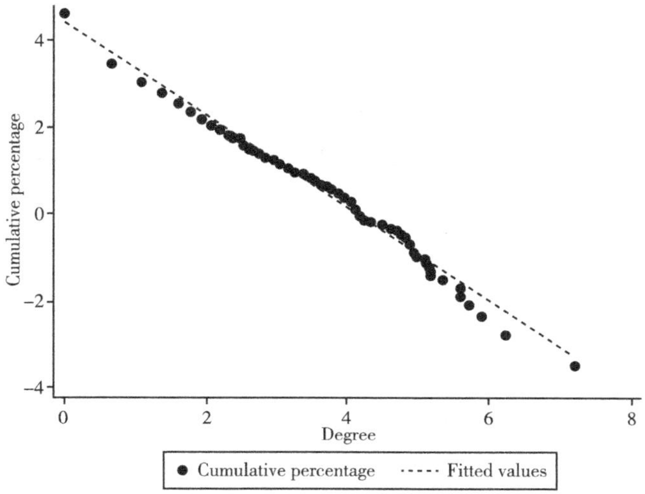

图 5－4　组合网累积度分布

二、社区分析

社区分析旨在识别社会网络中的隐性社区。如果网络中的一个节点子集与组内节点的联系比与组外节点的联系更紧密，则该网络中的一个节点子集被认为是一个社区或社会群体。社区分析通过最大化组内链接密度，同时最小化组间链接密度来发现网络中的隐式社区。

本书基于评论和关注这两种用户交互来构建 3 种交互网络：评论网、关注网、评论与关注的组合网络。社区分析分为三个阶段。首先对三个网络进行聚类分析并统计相关数据，然后基于第四章用户交互行为特征的分析及每一阶段三个网络大规模隐性社区的比较，分析何种用户交互行为对隐性社区的形成更重要。

（一）第一阶段（5～6 月）

表 5－2 是 5～6 月各个网络统计数据。结果显示，关注网包

含 85 个簇，最大的簇包含 119 个节点，占该网络总节点数的 21.5%。可视化显示，规模大于 10 的 9 个簇，见图 5 - 5。最大的簇位于左中，#98（RobenAnne）是关注最多的用户，其次是用户#101（POTATO X），其他几个较大的簇也都由积极的用户主导。评论网包含 188 个簇，图 5 - 6 可视化显示 9 个规模大于 10 的簇。最大的簇位于图 5 - 6 左上角，包含 109 个节点，占该网络总节点数的 21.8%，从图 5 - 6 中还可看出有 3 个簇的规模近似。

表 5 - 2　　5 ~ 6 月交互网络社区分析统计数据

网络类型	关注网	评论网	组合网
总节点数	554	499	877
总连接数	862	1043	1802
平均度	3.112	4.180	4.109
最大入度	20	138	146
最大出度	122	54	136
簇数	85	188	104
最大簇含有节点数	119	109	394
最大簇含有连边数	118	281	698

基于评论和关注这两种交互所构建的组合网络包含 877 个用户和 1802 条边，有 104 个簇。最大的一个有 394 个用户、698 条连边，该簇占组合网络中的总成员的 44.9%。这个簇比评论网络和关注网络中最大的簇大得多，意味着一些用户连接这两个网络。该簇的可视化如图 5 - 7 所示，该簇中有一个社区可以在关注网络中找到，其余部分均主要来自评论网络。这表明 5 ~ 6 月的社区形成中，评论关系更重要，因为它构成组合网络的基础并且代表主要社区。

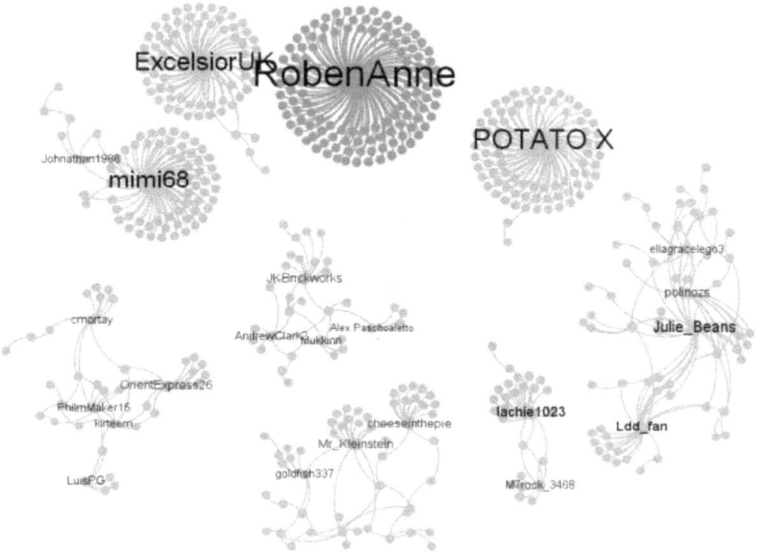

图 5-5　第一阶段（5~6 月）关注网规模较大的社区

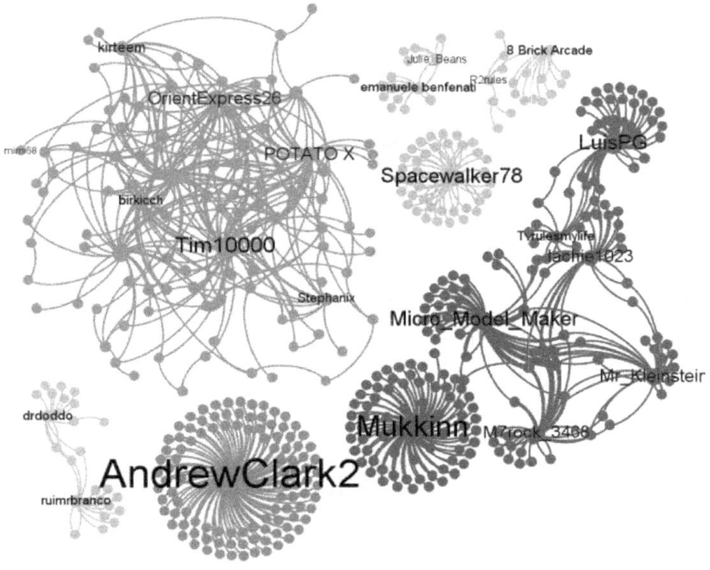

图 5-6　第一阶段（5~6 月）评论网规模较大的社区

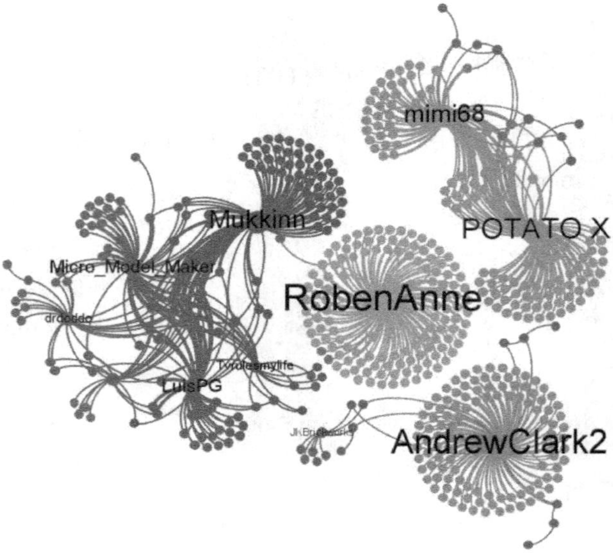

图5－7　第一阶段（5～6月）组合网规模较大的社区

（二）第二阶段（7～8月）

表5－3是7～8月各个网络统计数据。结果显示，关注网包含72个簇，最大的簇包含259个节点，占该网络总节点数的32.9%。可视化显示9个规模大于10的簇，见图5－8。最大的簇位于中间，#33（Tim10000）用户异常活跃，关注了200多用户，比其他几个的簇规模明显大一些。评论网包含105个簇，图5－9可视化显示10个规模大于10的簇。最大的簇位于图5－9左下方，包含167个节点，占该网络总节点数的22.1%。

表5－3　　　7～8月交互网络社区分析统计数据

网络类型	关注网	评论网	组合网
总节点数	786	757	1336
总连接数	1032	1613	2532
平均度	2.626	4.2616	3.790

续表

网络类型	关注网	评论网	组合网
最大入度	19	200	207
最大出度	310	84	377
簇数	72	105	153
最大簇含有节点数	259	167	626
最大簇含有连边数	261	400	1090

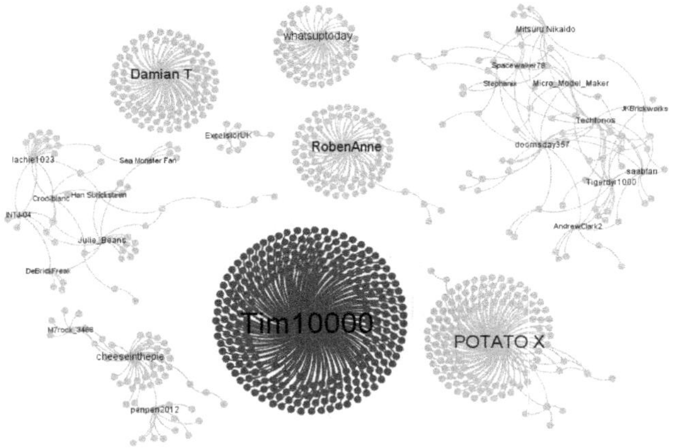

图 5－8　7～8 月关注网规模较大的社区

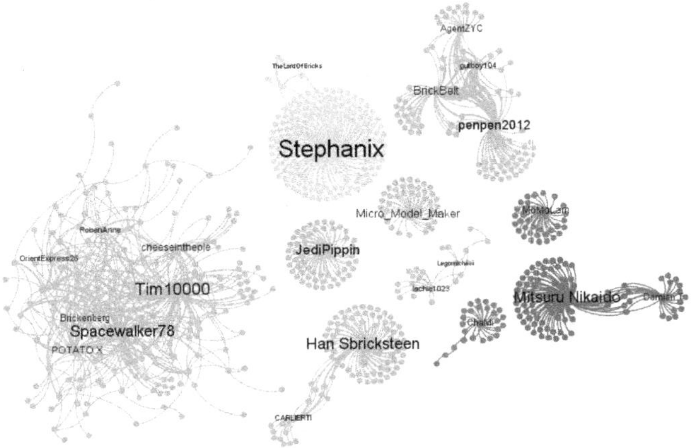

图 5－9　7～8 月评论网规模大于 50 的社区

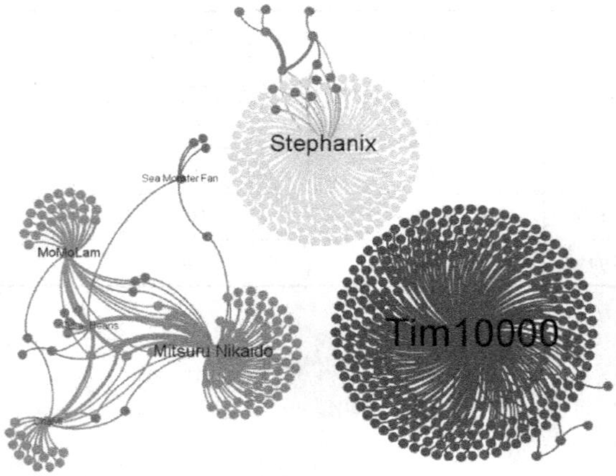

图 5-10　7~8 月组合网规模较大的社区

7~8 月阶段的组合网络 1336 个节点，2532 条连边，网络规模比前一阶段大很多，说明该阶段“建筑”主题社区有不少新用户加入。最大簇如图 5-10 所示，包含 626 个用户和 1090 条连边，该簇占组合网络中的总成员的 46.8%。这个簇与上一阶段一样，比评论网络和关注网络中最大的簇大得多。该簇中左下角部分可以在关注网络中找到，其余部分均主要来自评论网络。这一阶段的社区形成中，由于#33 用户异常活跃，使评论网络与关注网络在组合网隐性社区形成中的占比不分伯仲，但剔除#33 后，该子社区的成员几乎全部为孤立节点，即#33 用户自己连接了大量的用户，除了#33 用户外，其他用户之间少有关注关系，从交互深度来看，评论关系依然对组合网络隐性社区的形成有较强的影响。

（三）第三阶段（9~10 月）

9~10 月各个网络统计数据如表 5-4 所示。关注网包含 107 个簇，最大的簇包含 471 个节点，占该网络总节点数的 42.8%。可视化显示 6 个规模大于 10 的簇，见图 5－11。最大的簇位依然是#33（Tim10000）用户所主导的，且其关注的用户数比上一阶段又有增加。评论网包含 123 个簇，图 5－12 可视化显示 13 个规模大于 10 的簇，最大的簇位于图中间，包含 196 个节点，占该网络总节点数的 28.3%。

表 5－4　　9～10 月交互网络社区分析统计数据

网络类型	关注网	评论网	组合网
总节点数	1101	693	1527
总连接数	1514	2094	3372
平均度	2.755	6.043	4.416
最大入度	40	119	143
最大出度	858	296	887
簇数	107	123	157
最大簇含有节点数	471	196	733
最大簇含有连边数	473	310	1243

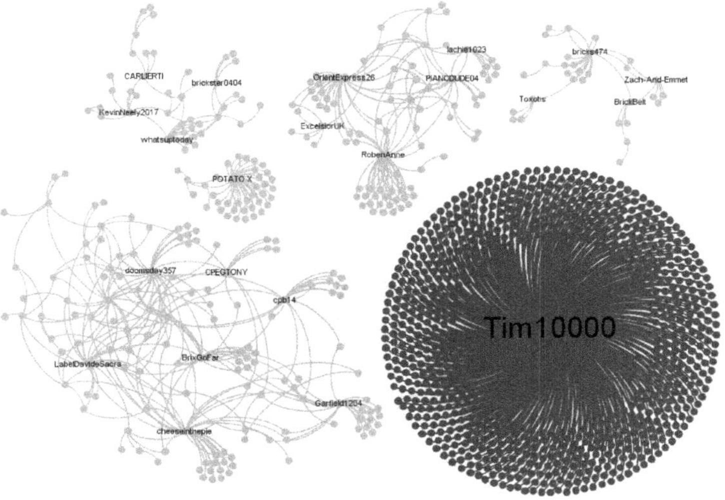

图 5－11　9～10 月关注网规模较大的社区

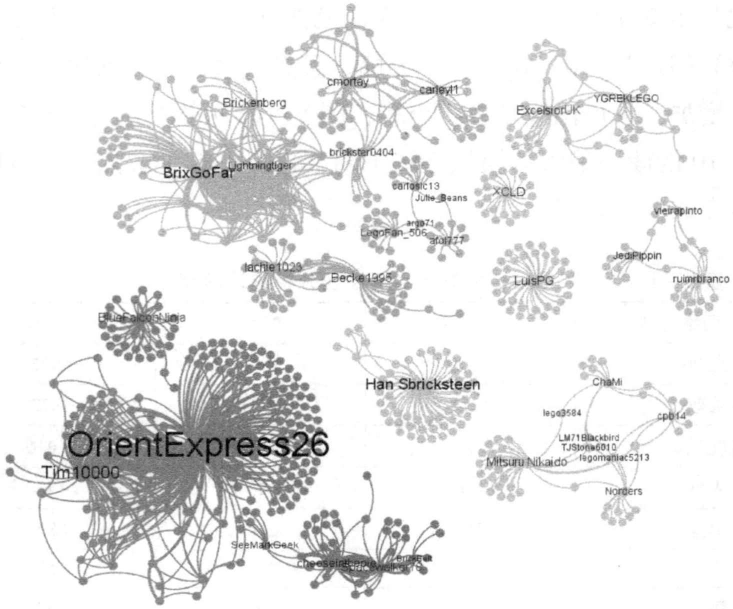

图 5-12　9~10 月评论网规模较大的社区

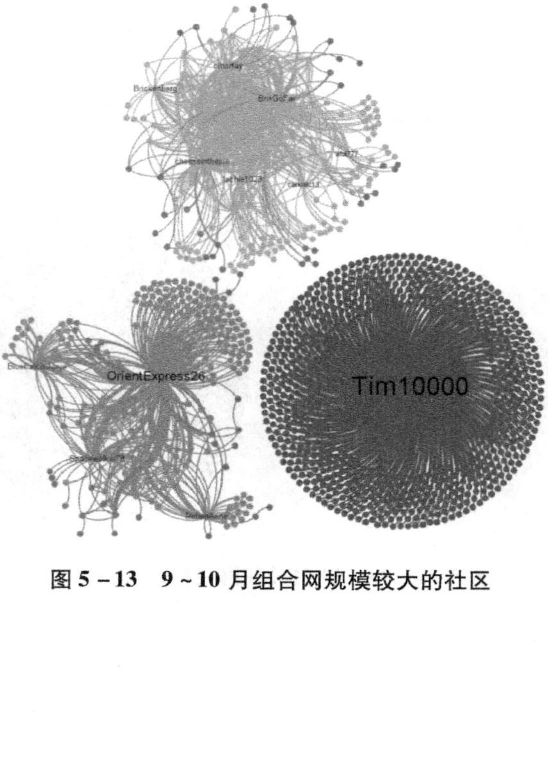

图 5-13　9~10 月组合网规模较大的社区

9~10月的组合网络有1527个节点，3372条连边，网络规模比前一阶段有所增加。最大簇如图5-13所示，包含733个用户和1243条连边，该簇占组合网络中的总成员的48%。依然比订阅网络和关注网络中最大的簇大得多。该簇中上方部分可以在关注网络中找到，其余两个主要部分均来自评论网络。这一阶段的社区形成中，由于#33用户仍然异常活跃，以一己之力使“关注”关系的数量超过了“评论”关系，但该部分几乎所有的边都是#33节点发出的，其他节点之间没有交互，也少有节点关注#33。从交互深度来看，评论关系数量上不占优势，但依然对组合网络隐性社区的创新传播有较大的影响。

三、网络演化分析

研究显示，关注和评论网络仍有大量的离散小集群，只有小部分的成员连接并形成相对较大的集群，隐性社区出现了低连通性模式。然而，当两种类型的交互组合时，将形成大得多的主导簇。如前所述，用户不受任何单一类型的交互约束，可以涉及关注和评论两类交互，因此，组合网络很可能更接近“建筑”主题社区的真实结构。并且，不管是隐性社区的形成还是创新传播，“评论”关系比“关注”关系的影响更强烈。

在三类交互网络中，由于组合网最接近实际交互网络，因而分别对三个阶段组合网络的基本信息进行了统计，进一步梳理网络演变的特征，如表5-5所示。随着时间的推移，组合网络中的节点数和连接数呈现递增趋势，而从密度和平均度来看，三期变化不太大。这说明随着时间增长，网络并没有变得越来越稠密，与稠密的全耦合网络相比，实际网络依然是稀疏的。从平均路径长度来看，网络的平均距离随着时间的变化呈现越来越小的趋势，研究表明许多实际网络都存在这种趋势，也称为直径收缩现象[223]。这说明随着时间的推移，OIP 的信息传播效率越来越高。关键用户，尤其是来自评论网的关键用户的作用不可忽视。

表 5-5　三期组合网基本信息

日期	总节点数	总连接数	平均度	密度	平均路径长度
一期（5~6 月）	877	1802	2.055	0.002	5.186
二期（7~8 月）	1336	2532	1.896	0.001	4.046
三期（9~10 月）	1527	3372	2.213	0.001	3.979

在组合网隐性社区中，基于评论关系的子群更迭较快，基于关注关系的子群相对稳定且持久。评论与关注对隐性社区的影响存在较大差异，基于评论关系形成的三期隐性社区结构变化较大，不存在某个稳定的子群。其可能的原因是用户在平台中进行评论需要付出比关注更多的操作与学习成本，这在一定程度上使基于评论的交互网络拥有了更重要的思想与学习基础，增加用户之间的关系价值，从而形成的隐性社区更体现其真实用户关系特征，同时，可以提高用户平台参与度与创意产出能力。此外，用户的关注关系会不断积累，导致关注网络随着时间的推移不断增大。这便于用户获取信息，且短期内基于关注关系形成的隐性社区结构较稳定，但如果用户兴趣及关注重点发生变化，其隐性社区结构可能会重塑。本书的研究结果可以辅助平台管理者从用户交互方面监管参与度，以便更好地维护平台的运营，保持平台用户活跃度。

第五节　本章小结

目前在 OIP 的相关研究中，学者们对领先用户识别、知识共享、持续贡献行为的研究较多，但针对社区结构及演化的研究相对较少。复杂网络的研究中对于社区结构的挖掘也大多聚焦于隐性社区发现算法的研究，并未厘清隐性社区形成的前因，即用户间不同类型的交互对隐性社区的影响。要理解网络结构与网络行为之间的关系并进而考虑改善网络用户行为，就需要对网络结构的形成及演化有深入的了解。因此，本章基于社会网络分析方法，研究了两种类型的交互网络及它们的组合网络，运用拓扑分析、中心性分析、社区分析，基于第四章识别出的关键用户，标识隐性社区，探究 OIP 隐性社区的特征及演化过程。

结果表明：第一，三类交互网络度分布遵循幂律分布，网络都具有无标度特性，随着网络规模的不断扩大，新的节点更倾向于与那些具有较高连接度的 hub 节点相连接。这些网络中没有发现星型结构或层次结构，存在少数用户参与了大量的互动，他们是网络的中心或积极用户。第二，不同交互关系围绕关键用户形成新的隐性社区。用户之间通过建立评论关系和关注关系相互连通，从而形成更密集的社群，因此组合网络更接近 OIP 的真实网络结构。此外，相比于关注关系，评论关系对组合网络的结构及创新扩散的影响更大，即“评论”关系对隐性社区的形成及创新参与更重要。第三，从网络演化来看，随着时间的推移，隐性社区中的节点数和连接数呈现递增趋势，但网络并没有变得越来越稠密，实际网络依然是稀疏的，而 OIP 的信息传播效率却越来越高。随着时间的增长，隐性社区节点数和连接数呈现递增趋势。同时，组合网隐性社区中，基于“评论”关系的子群随着时间推移更新迭代较快，而基于“关注”关系的子群相对稳定且持久。

由前述结论可知，组合网更接近 OIP 的真实网络结构，根据隐性社区的定义，组合网中的隐性社区结构是由不同“关系结构”

构成的。从结果看，“评论”关系对组合网隐性社区的影响更大，评论关系发生频繁且变化快，用户基于该关系的交互就比较活跃。这说明在交互过程中基于信息交换的用户间交互相互作用更大，产生的场力更大。对于不同隐性社区中所产生的场力对用户持续贡献行为的影响将在第六章展开讨论。

第六章　用户创意更新的持续贡献行为研究

第四章和第五章完成了研究框架中用户交互“过程”分析，对开放式创新平台用户交互中的社会网络要素的演化进行研究，包括关键用户识别、隐性社区结构形成及演化，揭示了关系对个体结构位置，以及隐性社区结构的影响。本章属于研究框架中的“输出”部分。基于研究模型和场论，用户交互中社区结构演变的同时 OIP 场中的场力也发生变化，从第二章场论分析可知，OIP 中用户的行为是嵌入社区结构中的，受场和场力的影响。因此，本章基于场论，探究用户交互过程中形成的场力对用户创意更新的持续贡献行为的影响，以及不同隐性社区的场力用户创意更新的持续贡献行为的影响是否有差异，并进一步从组态视角探寻场力对用户创意更新的持续贡献行为的组态分析，实现研究模型中“过程—输出”的影响分析。

第一节　引　　言

有学者研究发现，大部分企业所构建的 OIP 并没有为企业带来所期望的经济收益。例如，社区用户参与度低、缺乏有价值的贡献。OIP 用户未能持续不断地为企业产品或服务创新活动提供有价值的信息是其根本问题所在。OIP 的存在和繁荣离不开用户的积极贡献，而好的创意并不是一蹴而就的，用户在已有创意上的完善、更新，不但能促进其持续参与平台活动，而且更容易生成优质创意。

已有研究在用户贡献、持续贡献行为方面取得了丰富的成果，从内外动机、用户、用户间和社区环境几个方面探究对在线社区用户贡献行为的影响，认为物质激励、自我展示、用户属性、领先用户特征、用户信任、用户交互、用户互惠、社区治理机制、社区信任、社区认可激励等因素对用户持续贡献行为产生显著影响。但研究仍存在以下不足：第一，既有文献未细化用户持续贡献行为的概念测量，且现有文献主要研究用户横向持续提交新创意的影响因素，没有充分考虑用户在已有创意上更新的持续贡献行为；第二，有关社区用户持续贡献行为的研究多从内外动机和社会环境视角展开，鲜有研究关注社区情境下，基于社会网络理论及场论视角对用户创意更新持续贡献行为的影响；第三，场力是由个体位置、集体结构形态的变化所产生的，不同社区结构所产生的场力也不同，需要将不同结构形成的场力影响进行对比分析。

基于此，本章探讨用户交互过程中产生的场力对用户创意更新持续贡献行为的影响。根据第三章界定的三种场力的测量变量：社会反馈、同行认可、社会临场感用户经验为调节变量，通过回归分析研究场力用户创意更新持续贡献行为的影响。此外，根据第五章隐性社区的分析结果，本章选择两组来自规模差异较大的隐性社区的用户样本，进行组间检验。并进一步分析场力对用户创意更新持续贡献的组态分析。

第二节　理论模型与研究假设

一、能力场力与用户创意更新持续贡献行为

能力场力主要指在信息交换、知识共享、知识贡献中用户间相互作用产生的场力。本章中的能力场力——社会反馈（social feedback）是 OIP 中用户对其他用户的参与行为给予知识反馈的一种作用力。其表现形式为某时间点平台其他用户对创意评论数。用户交互过程中交换知识和关注，用户获得来自同伴的积极反馈是一种积极的场力，该作用力可能会影响他未来的参与行为。已

有学者基于声誉理论提出声誉比物质奖励能更有效地激励用户贡献，而且获得积极反馈的用户会贡献更多及更高质量的创意[31,156]。也有学者认为，在线社区用户得到的积极反馈越多，他们就越有可能持续参与社区活动且贡献更多[162,224,225]。Byron 和 Khazanchi (2012)[226]认为积极的反馈可以促进用户的创造力。在企业 OIP 中，对创意积极反馈的作用力会鼓励用户的贡献行为，或者肯定他们的贡献价值，进而可促进用户继续完善在社区中已提交的创意。因此，本章提出假设：

H1：社会反馈对用户创意更新持续贡献行为有正向影响。

二、关系场力与用户创意更新持续贡献行为

关系场力是基于社会交换，如点赞、关注等用户间相互作用而产生的场力。同行认可（peer recognition）是对用户贡献的简单承认[19]。例如，用户创意知识获得一定的支持数或点赞数，这是用户交互中社会关系的交换，其产生的场力“同行认可”也是对用户参与社区活动的一种有效作用力。社会认知理论认为人们的认知活动和他们之间的行为存在因果关系。个体更倾向于产生会有良好的结果的行为。外部的认可会满足用户信息性或动机性需求，该作用力会促使他们更愿意积极参与或高质量完成社区活动[227]。有文献指出，同行认可能够增加用户对社交互动的满意程度，用户继而在社交网络中展现更多的活跃行为[228]。Guan（2018）等[164]研究表明，问答社区中用户的支持数量越多，越有可能持续参与社区活动。在企业 OIP 中，创意持续贡献的一个有利结果就是会产生更大的社会影响，因此用户创意获得的同行认可越多，用户会更愿意在原有创意基础上进行更新、改进。因此，本章提出假设：

H2：同行认可对用户创意更新持续贡献行为有正向影响。

社会临场感最初由 Short[22] 提出，后来 Salinas[23] 将社会临场感修订为在媒介环境中某人和另一个人共同存在的感觉，即社会临场感反映“与他人共在”的感受。社会临场感（social exposure）是另一种关系场力，是交互过程中来自其他用户的关注对其而产生的作用力。袁勤俭等（2020）[211] 认为，系统中交互越社会化，越会提高用户的社会临场感。同时，在群体环境中，社会临场感增加群体成员的社会压力和规范。Yoo 等（2001）[212] 认为，群体凝聚力会产生社会临场感，且群体凝聚力对社会临场感的影响比媒介的影响更大。Tseng 等（2015）[213] 将社会临场感定义为在线社区中用户对互相之间联系的感知，且社区意识是社会临场感的一个重要维度。研究发现，关系网络中用户间互相依赖可以积极地影响社区意识。唐晓波等认为社会临场感正向影响微信用户的满意度。赵宏霞等研究表明，B2C 网购中的在线互动所营造的社会临场能增强消费者对 B2C 网购的信任。Huang（2017）[210] 认为 Facebook 等社交媒体的整合会增加用户的社会临场感，用户的感知相关性也会增加，因此他会为潜在的社会利益或声誉收益而贡献更多的评论。在开放式创新平台上，关注用户创意的人越多，他的感知相关性越大，即社会临场感越大，越有可能激励他去贡献更多的创意。因此，本章提出假设：

H3：社会临场感对用户创意更新持续贡献行为有正向影响。

三、用户创新经验在信息类场力和用户创意更新持续贡献行为之间的调节作用

根据社会认知理论，用户行为是根据与他人的互动以及自己过去的行为而变化的。用户过去的经验有助于对自己角色身份的理解，这种身份的理解与社会交互过程获得的利益或奖励相吻合，

而且会影响其未来的行为，从而以加强和确认自己的身份。刘倩和孙宝文（2018）[83]认为用户有无成功创新经验对不同角色间互动和创意质量之间有调节效应。Tsai 等（2014）[229]的研究表明，参与人的参与动机、感知收益以及对其在社区内的角色的理解随着用户在虚拟社区经验积累的增加而增加，用户社区经验可以调节社会关系对社区贡献的影响。在企业 OIP 中，用户的创新经验是指用户过去提交创意的经历。用户创新经验越丰富，越可能会加强各种交互行为对其创意更新持续贡献的影响。因此本章提出假设：

H4a：用户创新经验对社会反馈与用户创意更新持续贡献行为之间的关系具有正向调节作用。

H4b：用户创新经验对同行认可与用户创意更新持续贡献行为之间的关系具有正向调节作用。

H4c：用户创新经验对社会临场感与用户创意更新持续贡献行为之间的关系具有正向调节作用。

综上所述，本章的研究模型如图 6－1 所示。

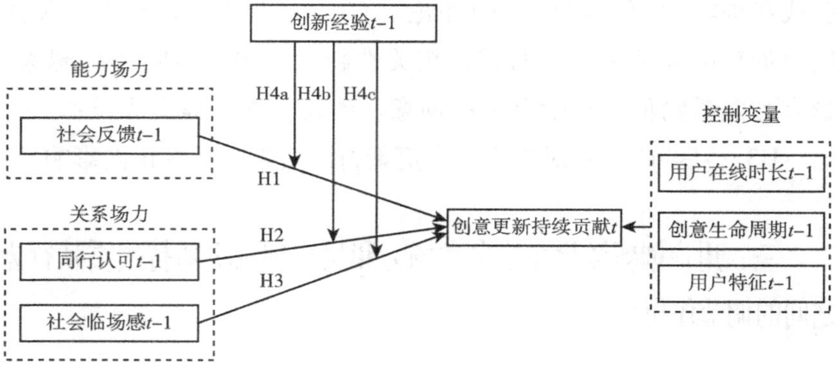

图 6－1　研究模型

第三节　数据集与变量描述

一、数据来源

本书自行编写的程序在 Lego Ideas 中爬取了 2020 年 5 月至 2020 年 10 月共 6 个月，24 周时间跨度内发布的所有已结束的创意项目，对每一个项目收集了项目提交时间、项目评论数、评论时间、评论者、项目支持数、关注数、更新数及时间，从用户页面爬取了每个用户提交的创意数、用户的勋章值及用户所有评论和关注的行为数据，爬取数据后进行了清洗，剔除了无实质内容或重复的更新，共获得创意信息 3962 项。借鉴 Chen 等（2012）[156] 以周为一个时间窗口的划分，构成了一组 24 周的关于用户每周创意更新的面板数据，预测自变量（社会反馈、同行认可、社会临场感）和调节变量（用户过去的创意参与）在 t－1 阶段结束时的累积，对用户在 t 阶段的创意更新持续贡献行为的影响。同时，为了区分不同网络结构所产生的场力的差别，将样本分为两组，其中一组来自最大的隐性社区，另一组来自规模较小的隐性社区，进行组间差异检验。

二、变量描述

本章的因变量为用户 i 在 t 阶段的创意更新持续贡献，使用创意更新数来度量。乐高创意平台中的创意项目都是乐高积木爱好者的创意搭建，有些作品步骤繁杂，用户初次提交创意时可能细节部分不够完善，后续会通过创意更新来完善作品。本章的自变量借鉴已有文献的类似研究变量，选取社会反馈[28]、同行认可[11-13,15,17]、社会临场感[28]三个变量来描述能力场力和关系场力。本章利用用户 i 在 t-1 阶段结束时获得的评论数来测量社会反馈。乐高平台上企业并不参与用户间的交互及对创意的评论，企业仅仅是维持社区运作，给用户颁发勋章、发送创意状态通知（offical comments），因此没有选取 offical comments 作为测量项。同行认可和社会临场感两个变量分别用用户 i 在 t-1 阶段结束时获得创意的支持数和关注数来测量。研究变量及说明见表 6-1。

表 6-1　　变量描述

变量类型	测量项	测量变量	变量解释
因变量	创意更新持续贡献$_{i,t}$	updates$_{i,t}$	用户 i 的创意在 t 阶段的更新次数
自变量	社会反馈$_{i,t-1}$	comments$_{i,t-1}$	用户 i 的创意在 $t-1$ 阶段获得的评论数
	同行认可$_{i,t-1}$	supporters$_{i,t-1}$	用户 i 的创意在 $t-1$ 阶段获得的支持数
	社会临场感$_{i,t-1}$	followers$_{i,t-1}$	用户 i 的创意在 $t-1$ 阶段被关注数
调节变量	创新经验$_{i,t-1}$	experience$_{i,t-1}$	用户 i 在 $t-1$ 阶段之前提交的创意数量
控制变量	用户在线时长$_{i,t-1}$	join_date$_{i,t-1}$	用户 i 自注册起至 $t-1$ 阶段的天数
	创意生命周期$_{i,t-1}$	idea_age$_{i,t-1}$	用户 i 提交创意起至 $t-1$ 阶段的天数
	用户特征$_{i,t-1}$	socializer$_{i,t-1}$	用户 i 在 $t-1$ 阶段得到的“社交达人”勋章值

本章通过实证来验证基于交互过程中所产生的场力对创意更新持续贡献行为的影响及用户创新经验是否存在调节效应，进而选择来自网络规模有较大差异的两组用户样本，进行组间差异检验，以分析不同隐性社区所产生的信息类场力对个体行为的影响是否有差别。此外，还基于模糊集的定性比较分析寻找激励用户创意更新持续贡献的前因变量不同组态。

第四节　负二项回归分析

本章以用户 t 阶段对原创意的更新数来度量其创意更新持续贡献行为，创意更新数是计数变量，解释这种离散非负变量常用的回归模型有泊松回归模型和负二项回归模型。虽然泊松回归模型在计数数据分析中得到了广泛的应用，但其隐含的假设是：计数变量的方差和均值是相同的。在数据集中，因变量创意更新数的方差为3.393，是其均值的5倍（0.660），表明均值和方差相等的假设不太可能有效。而负二项回归模型不需要假设相等的均值和方差，且适用于因变量包含大量0值的情况，因此采用负二项回归作为实证分析模型。

一、实证结果

表6－2是数据的描述性统计。由于用户评论数和用户支持数及创意关注数之间存在相互关联的可能，本章进行了相关性分析及多重共线性检验。结果显示，变量间相关系数均小于0.8，且方差膨胀因子（VIF）的取值范围从1.33到3.76，均小于5。因此，自变量间不存在多重共线性。负二项回归结果见表6－3。

表6－2　　变量描述性统计

VARIABLES	N	mean	sd	min	max
updates	3962	0.648	1.716	0	39
comments	3962	39.26	183.1	0	7229
supporters	3962	230.4	1207	4	10000
followers	3962	1818	11009	15	230028
experience	3962	7.570	16.26	0	139

续表

VARIABLES	N	mean	sd	min	max
idea_age	3962	167.1	140.7	1	2252
join_date	3962	20398	449.9	18389	21086
socializer	3962	16.49	79.45	0	954

表 6-3　　　　模型结果

VARIABLES	(1) updates	(2) updates	(3) updates
comments		0.00413 *** (5.19e-05)	0.00403 *** (6.10e-05)
supporters		0.00025 *** (7.01e-06)	0.00037 *** (1.07e-05)
followers		4.33e-06 *** (1.97e-07)	6.04e-06 *** (9.95e-07)
experience		0.00804 *** (0.00154)	0.00691 *** (0.00159)
experience × comments			1.24e-05 ** (4.98e-06)
experience × supporters			-1.40e-05 *** (1.00e-06)
experience × followers			1.46e-06 *** (1.39e-07)
join_date	0.00113 *** (3.92e-05)	0.00045 *** (3.68e-05)	0.00041 *** (3.70e-05)
idea_age	8.17e-06 ** (2.54e-05)	1.55e-05 ** (2.30e-05)	1.40e-05 ** (2.29e-05)
socializer	0.00105 *** (5.67e-05)	-0.00073 *** (5.61e-05)	-0.00051 *** (6.05e-05)
Constant	-0.15700 *** (0.0270)	0.06520 ** (0.0262)	0.08960 *** (0.0265)
Observations	3962	3962	3962

注：Standard errors in parentheses，*** 表示 $p<0.01$，** 表示 $p<0.05$，* 表示 $p<0.1$。

二、假设检验

（一）主效应

假设 H1 探究社会反馈对用户创意更新持续贡献行为的影响。根据表 6－3 模型（2），用户创意项目获得的评论数对其创意更新有显著正向影响（*Coef* = 0.00413，$p < 0.01$），假设 H1 得到支持，即能力场力很好地激励了用户不断更新创意。用户在社区中获得的积极反馈和建议，使用户得到贡献价值的肯定，同时又获得了更新创意的新知识，因此用户更积极地投入创意更新的持续贡献中去。

假设 H2 探究同行认可对用户创意更新持续贡献行为的影响。从表 6－3 模型（2）的结果看，创意项目的支持数对用户创意更新有显著正向影响（*Coef* = 0.000255，$p < 0.01$），假设 H2 得到支持，即同行认可这一关系场力可激励用户不断更新创意。用户获得来自外部的认可会诱导其内在信息性或动机性需求，他们更愿意积极参与或不断更新创意，高质量完成社区活动。

假设 H3 探究社会临场感对用户创意更新持续贡献行为的影响，表 6－3 模型（2）的结果显示，用户创意项目的关注数对创意更新有显著影响，假设 H3 得到支持，即社会临场感这一关系场力对用户创意更新持续贡献的影响显著。平台给用户带来社会临场感越大，用户的感知相关性会增加，因此用户会为潜在的社会利益或声誉收益而贡献更多，越能激励用户去完善创意。

（二）调节效应

表 6－3 模型（3）是用户创新经验对社会反馈、同行认可、社会临场感与用户创意更新持续贡献行为之间调节作用的回归结

果。从模型（3）的结果上看，用户经验越丰富对社会反馈和用户创意更新持续贡献行为之间关系的正向影响越强（$Coef = 1.24e-05$，$p < 0.01$）。假设H4a得到支持。创新经验多的用户对自己角色身份的理解必定是其有一定能力和威望的。当其他用户给他的项目提出建议或意见等反馈时，为了确保其在社区的身份，他对创新项目持续更新的意愿会更强。假设H4b探究创新经验强化了同行认可对用户创意更新持续贡献行为的影响，从数据上看（$Coef = -1.40e-05$，$p < 0.01$）与假设相反，假设H4b没有得到支持。用户经验越丰富，对自身的能力越自信，当项目获得的支持数同样多时，经验丰富的用户认为他人的支持恰好证明自己创新的水平，因此他们更倾向坚持自我，不会对创意进行更新。用户经验越丰富对社会临场感和用户创意更新持续贡献行为之间关系的影响越强，假设H4c得到支持，关注数多等同于用户的社会临场感不断增加，用户会为潜在的声誉或切实利益尽量使创意更加完善，因此创新经验越丰富的用户，越是吝惜自己的羽毛，看中自己的声誉，就会越积极地持续更新、完善创新项目。

基于以上分析，研究结果如下：

第一，用户交互过程中产生的能力场力与创意更新持续贡献行为的关系。能力场力采用其他用户对用户创意的社会反馈这一场力来度量，其对用户创意更新持续贡献产生积极的正向影响。第二，用户交互过程中产生的关系场力与创意更新持续贡献行为的关系。同行认可、社会临场感均对用户创意更新持续贡献有积极正向影响。第三，用户创新经验的调节作用。用户创新经验在社会反馈和用户创意更新持续贡献行为之间有正向调节作用，用户创新经验在同行认可和用户创意更新持续贡献行为之间具有反向调节作用，用户创新经验在社会临场感和用户创意更新持续贡献行为之间有正向调节作用，如表6-4所示。

表 6－4　　　假设检验结果

假设	是否成立
H1：社会反馈对用户创意更新持续贡献行为有正向影响	是
H2：同行认可对用户创意更新持续贡献行为有正向影响	是
H3：社会临场感对用户创意更新持续贡献行为有正向影响	是
H4a：用户创新经验对社会反馈与用户创意更新持续贡献行为之间的关系具有正向调节作用	是
H4b：用户创新经验对同行认可与用户创意更新持续贡献行为之间的关系具有正向调节作用	否
H4c：用户创新经验对社会临场感与用户创意更新持续贡献行为之间的关系具有正向调节作用	是

第五节　组间差异检验

为了区分交互过程中不同社区结构产生的场力对用户创意更新持续贡献行为影响的差别，选取两组子样本，其中一组来自最大的隐性社区（编号为 1#），另一组来自规模较小的隐性社区（编号为 2#）。两个社区的基本数据如表 6－5 所示。使用 Chow test（邹检验），基于两个规模、密度均有差异的隐性社区数据，检验场力（社会反馈、同行认可、社会临场感）在两组之间的系数是否存在显著差异。

表 6－5　　　两个隐性社区基本参数

社区编号	节点数	关系数	密度	平均更新数	评论数均值	支持数均值	关注数均值
1#	2921	278482	0.03265	2	101	2517	446
2#	287	565	0.00068	0.23	12	493	207

引入一个虚拟变量 D，其中，大规模隐性社区样本组 D = 1，小规模隐性社区样本组 D = 0。模型设定为：

$$\begin{aligned} updates = &\alpha + \gamma \times D + \beta_1 \times comments + \beta_2 \times supporters + \beta_3 \\ &\times followers + \beta_4 \times experience + \delta_1 (D \times comments) \\ &+ \delta_2 (D \times supporters) + \delta_3 (D \times views) \\ &+ \delta_4 (experience \times comments) + \delta_5 (experience \\ &\times supporters) + \delta_6 (experience \times followers) \\ &+ Controls \times \gamma + \varepsilon \end{aligned} \tag{6-1}$$

该模型在原研究模型的基础上，增加了虚拟变量、虚拟变量与自变量的交乘项。

对大规模隐性社区组而言，D = 1，则式（6 - 1）可以写为：

$$\begin{aligned} updates = &\alpha + \gamma + (\beta_1 + \delta_1) \times comments + (\beta_2 + \delta_2) \times supporters \\ &+ (\beta_3 + \delta_3) \times followers + \beta_4 \times experience \\ &+ \delta_4 (experience \times comments) + \delta_5 (experience \\ &\times supporters) + \delta_6 (experience \times followers) \\ &+ Controls \times \gamma + \varepsilon \end{aligned} \tag{6-2}$$

对小规模隐性社区组，D = 0，则式（6 - 1）可以写为：

$$\begin{aligned} updates = &\alpha + \beta_1 \times comments + \beta_2 \times supporters + \beta_3 \times followers \\ &+ \beta_4 \times experience + \delta_4 (experience \times comments) \\ &+ \delta_5 (experience \times supporters) + \delta_6 (experience \\ &\times followers) + Controls \times \gamma + \varepsilon \end{aligned} \tag{6-3}$$

其中，参数 γ 和 δ 分别反映了大规模隐性社区组相对于小规模隐性社区组的截距和斜率差异。此时，参数反映了 *comments*、*supporters*、*followers* 这三个变量在两个子样本组中的系数差异。因此，检验场力在两组之间的系数是否存在显著差异就转变为 H_0：$\delta = 0$。在 Stata 中重新对加入虚拟变量及其交乘项的模型进行负二项回归，结果如表 6 - 6 所示。

表 6-6　　组间差异检验结果

VARIABLES	(1) updates	(2) lnalpha
comments	0.00547 * (0.00284)	
supporters	0.00031 * (0.000164)	
followers	2.26e-06 * (5.54e-06)	
experience	0.00386 * (0.00215)	
D × comments	0.01631 *** (0.00316)	
D × supporters	-0.00051 *** (0.000186)	
D × followers	-1.23e-07 (4.69e-06)	
experience × comments	4.69e-05 ** (8.35e-05)	
experience × supporters	-1.63e-05 ** (8.18e-06)	
experience × followers	1.70e-06 *** (5.09e-07)	
join_date	0.000355 *** (7.91e-05)	
idea_age	0.00035 *** (9.10e-05)	
socializer	0.01281 ** (0.00594)	
Constant	-1.926 *** (0.103)	1.275 *** (0.0579)
Observations	1378	1378

从结果来看，除了 D × comments、D × supporters、D × followers 外，其余自变量、调节变量和控制变量对因变量的显著性影响与表6－3 结果一致，子样本与总样本回归结果一致，结果稳健。虚拟变量的交乘项系数反映了两组子样本的显著性差异：

第一，交乘项 D × comments 的 P 值显著，说明两组子样本的能力场力——社会反馈对用户创意更新持续贡献行为的影响有差异，系数为正（*Coef* = 0. 01631），说明 D = 1 的子样本组，即 1#大规模隐性社区中的社会反馈对用户创意更新持续贡献行为的影响更大。大规模隐性社区，密度大，关系紧密程度高，创新扩散较容易，社区内反馈也多，所以用户会获得更多的积极反馈和创意建议的新知识，从而会更积极地投入创意更新的持续贡献中去。

第二，交乘项 D × supporters 的 P 值显著，说明两组子样本的关系场力——同行认可对用户创意更新持续贡献行为的影响有差异，系数为负（*Coef* = －0. 00051），说明 D = 0 的子样本组，即小规模隐性社区中的同行认可对用户创意更新持续贡献行为的影响更大。即 2#小规模隐性社区，密度小，用户间关系较疏离，社区中信息不通、情感支持较少，用户会更加看重其在平台中可获得的关系资本，即小规模隐性社区用户获得来自外部认可的意愿更强，会诱导其内在信息性或动机性需求，他们更愿意积极参与或高质量完成社区活动，因此更有动力对已有创意进行更新和完善。

第三，交乘项 D × followers 的 P 值不显著，说明两组子样本的关系场力——社会临场感用户创意更新持续贡献行为的影响无差异。不管是来自大规模社区还是小规模社区，社会临场感都会增加用户的感知相关性，因此他们会为潜在的社会利益或声誉收益而贡献更多，更能激励他去完善创意。

第六节　定性比较分析

我们通过负二项回归模型研究了各前因变量对用户创意更新持续贡献的影响方向、影响系数及显著性，从系数结果来看，能力场力比关系场力的作用力大。但回归分析中自变量被假设独立起作用，但社会现象发生的原因条件间多是相互依赖而非独立的[231]，即前因变量常共同作用才导致用户创意更新持续贡献行为的产生，用户创意更新持续贡献行为结果产生的原因是多重条件并发的。为了补充回归分析并识别出不同组态下产生高创意更新持续贡献的多条等效路径，本节将对上述数据集进行基于模糊集的定性比较分析（Fuzzy Set Qualitative Comparative Analysis，fsQCA）。

fsQCA 和回归是不同但互补的技术。回归的重点是来自每个自变量的离散效应，聚焦于分析单个变量的“净效应”。而 QCA 是用整体视角聚焦于“组态效应”分析。本章的自变量间虽不存在多重共线性，但现实中存在用户对某创意同时进行评论、点赞和关注的情况。有学者指出，在一项研究中结合回归分析和 fsQCA 可以帮助我们成为更有意识的思考者。因为，任何社会现象发生的原因条件大多数是相互依赖而不是独立的，需要从“整体的”的组合视角来解释社会现象发生的原因[230,231]，即我们不能忽视自变量间相互依赖以及可能存在的“化学反应”[230]。而传统基于自变量相互独立、单向线性关系与因果对称性的统计方法，很难解释自变量的相互作用关系[231]。因此，本节基于“组态”的整体分析视角，采用条件间是互相依赖的这一更符合社会现象的假定[231]，利用基于模糊集的定性比较方法（fsQCA）识别导致问题结果的条件集，从整体视角出发，探寻自变量的组合

“组态”与结果间的因果关系，即发现用户交互过程中的场力对创意更新持续贡献的多种条件组态和路径，并基于不同规模、密度的隐性社区分别进行检验。

一、QCA 方法

定性比较分析方法是社会学家 Ragin 在 20 世纪 80 年代提出的。Ragin（2008）[230]认为社会现象发生的原因条件间多是相互依赖而非独立的，因此解释社会现象发生的原因需要采取整体的、组合的方式[231]。QCA 就是基于整体论的一种集合分析方法，把研究样本视为条件的组态，使用集合理论把研究的原因条件和结果概念化为集合，分析子集合间的关系[230]。QCA 作为一种研究视角和方法，结合理论和实践知识提炼前因条件，分析多种因素的组态效应，为有效整合多个理论视角的前因条件进行组态分析提供了可能。

组态分析源于系统思想，采用整体和系统的分析思路，一个条件是核心条件还是边缘条件，要看其与其他条件的组合关系，导致不同的结果取决于条件组态是如何安排。因此，组态分析强调非线性、协同效应和多终结性，而实证研究迄今主要采用计量经济学方法，这些方法的本质往往意味着线性、加性效应和单终结性。这种不匹配导致了许多问题，例如，经典的线性回归模型将变量视为解释结果变化的竞争变量，而不是显示变量如何组合来创造结果。由于关注竞争变量的相对重要性，相关性方法很难将案例作为组态和检查变量的组合来处理。这一点在以下事实中变得尤为明显：回归分析关注一个变量的独特贡献，同时保持方程中所有其他变量的值不变。当然，保持其他值不变，与组态方法的基本假设是直接对立的，即其他特定因素的存在或不存在，赋予了一个变量独立作用的意义。换句话说，相关性方法可以精确地回答变量对结果的平均净效应等有关问题，却不能清晰地回答变量在什么特定条件下影响结果。

QCA对于归纳、演绎和溯因推理以及理论构建、理论阐述或理论测试都是非常有用的。QCA及其变体方法在不同领域越来越受欢迎，如电子商务、社交媒体、信息系统、教育和学习分析等。fsQCA通过将模糊集和模糊逻辑原理与QCA原理相结合，使变量可以获得0～1范围内的所有值，可以更好地捕捉随水平或程度自然变化的案例复杂性。fsQCA因其克服了变量二元性的局限，可以对数据进行更深入和更丰富的洞察而备受关注。一般来说，基于方差的方法在计算模型中变量之间的净效应时，会检查竞争环境中的变量，而fsQCA则专注于利益的结果与其前因之间复杂而不对称的关系。一个结果可能是多种条件组合作用的结果，而每种组合都独立地对其作出贡献。fsQCA使用布尔代数来识别导致结果的条件组态。这种对条件组态的关注利于检测复杂的因果机制。例如，fsQCA可能会检测到在一种组态中，条件的存在会导致结果的产生，但在第二种组态中，相同条件的缺失也与结果相关联。fsQCA是一种探索性技术——它研究指定结果与指定条件的所有可能组合之间的关系，揭示导致结果的因果条件组合的可能，可以作为回归分析的补充，为研究者提供有价值的细微差别的发现。

本节采用fsQCA分析，对网络规模和密度有明显差异的隐性社区，探究交互过程中形成的差异化场力对用户创意更新的持续贡献行为影响是否存在差异。

二、数据分析与结果

依然选择前面组间差异检验的两个差异化隐性社区（1#隐性社区，2#隐性社区），见表6-5，进行fsQCA分析。本节首先对于测量的变量进行校准，转换为集合概念，即把研究条件和结果变量校准为案例的集合隶属。变量校准需要依据理论和实践知识或标准来设定3个临界值：完全隶属、完全不隶属和交叉点。本节基于前人的研究，将3个锚点分别设定为样本数据的下4分位数，上、下4分位数和上4分位数[232]。两个隐性社区的变量校准分别如表6-7和表6-8所示。

表6-7　1#社区测量变量校准

变量	完全不隶属	交叉点	完全隶属
updates	0	1.05	19
comments	0	16	1031
supporters	4	100	10000
follows	15	899	1000
tag	1	5.8	31
experience	1	9.4	30
join_date	172	1180.8	2420
idea_age	1	636.8	3162

表6-8　2#社区测量变量校准

变量	完全不隶属	交叉点	完全隶属
updates	0	1	6
comments	2	72	99
supporters	19	799	1462
followers	357	1005	24973
tag	1	3.8	13
experience	1	2.7	20
join_date	269	1452.2	3401
idea_age	1	135	2232

在数据校准后，利用fsQCA 3.0软件对真值表进行分析，在满足删除案例频数小于1和一致性临界值小于0.8的基础上，使

用标准化分析识别出用户持续知识贡献的前因组态。QCA 分析结果中包含复杂解、中间解和简约解。利用简约解和中间解对前因条件是否为核心条件进行识别，如果前因变量同时在简约解和中间解中出现，那么它为核心条件，而当前因变量只出现在中间解时，它为边缘条件。核心条件是对结果产生重要影响的条件，而边缘条件起到辅助贡献的作用。为了更直观地呈现分析结果，根据 Ragin 和 Strand（2008）[230] 的建议，本节采用“●”代表核心条件存在，“•”代表边缘条件存在，“⊗”代表核心条件缺乏，“⊗”代表边缘条件缺乏，空白表示条件可有可无。

第一，子样本 1#社区组态分析结果如下，用户创意更新的持续贡献的组态如表 6－9 所示。

表 6－9　　1#社区用户持续贡献行为的组态

变量	用户持续贡献行为的组态		
	解 1	解 2	解 3
comments	⊗		●
supporters		●	⊗
followers	•	•	⊗
experience			•
tag		•	⊗
join_date	•	•	•
idea_age	•	•	•
一致性（consistency）	0.899	0.991	0.999
原始覆盖度（raw coverage）	0.454	0.350	0.491
唯一覆盖度（unique coverage）	0.043	0.007	0.130
总一致性（solution consistency）	0.995		
总覆盖度（solution coverage）	0.591		

由表 6－9 可知，总一致性为 0.995，高于 0.75 的最低建议阈值。总覆盖率达到了 0.591，即本节所得结果解释了 59.1% 的导

致用户持续贡献行为的原因。研究发现了3条获取用户持续知识贡献的不同路径，证明了组态视角“多元并发”的特性，3条路径说明如下。

组态1（~comments * followers * join_date * idea_age）显示，在comments作为边缘条件缺乏，followers、join_date、idea作为边缘条件存在，supporters无关紧要共同作用的情况下，实现用户持续贡献行为。

组态2（supporters * followers * tag * join_date * idea_age）显示，在supporters作为核心条件存在，followers、tag、join_date、idea_age作为边缘条件存在、comments无关紧要共同作用的情况下，实现用户持续知识贡献。

组态3（comments * ~supporters * ~followers * experience * join * idea_age）显示，在comments作为核心条件存在，experience、join_date、idea_age作为边缘条件，supporters和followers作为边缘条件缺乏共同作用的情况下，实现用户持续贡献行为。

1#社区“组态”分析表明，并不存在单一的核心条件直接影响用户的持续贡献行为，而是由多个前因条件的共同作用导致的。通过对三种前因变量组态模型的分析，可以得出以下结论：由表6-9可知，研究发现了3条获取用户高创意更新持续贡献的不同路径，总一致性为0.995，说明3个组态都是用户高创意更新持续贡献的充分条件。模型总覆盖率达到了0.591，即得到的3个组态解释了约60%的导致用户高创意更新持续贡献的原因。唯一覆盖率表示该条件组合导致结果发生、同时其他条件组合不导致结果发生的案例数占总案例数的比例。即唯一覆盖度的高低表示哪一组态更能引致结果变量。在本节中，3个组态的唯一覆盖度依次为0.043、0.007、0.130，组态3大于组态1与组态2，说明组态3更能致使用户创意更新持续贡献。组态2中supporters是核心存在，followers是边缘存在；组态3中comments是核心存在，结果正好印证了回归分析结果，三种场力都对用户创意更新持续贡献有积极影响。唯一覆盖率表示该条件组合导致结果发生、同时其他条件组合不导致结果发生的案例数占总案例数的比例。即唯一覆盖度的高低表示哪一组态更能引致结果变量。在不存在唯一核心条件的情况下，组态 3 的唯一覆盖度略高，可认为组态 3 更能促进用户高创意更新持续贡献，因此，子样本大规模隐性社区中能力场力是影响用户创意更新持续贡献行为的关键。

第二，子样本 2#社区组态分析结果如下，用户创意更新的持续贡献的组态如表 6－10 所示。

表 6－10　　　2#社区用户持续贡献行为的组态

变量	用户持续贡献行为的组态		
	解 1	解 2	解 3
comments	•	•	•
supporters	●	●	●
followers	•	•	•
tag	⊗		⊗
experience		•	⊗
join_date	•	•	⊗
idea_age	•	•	⊗
一致性（consistency）	0. 850	0. 850	0. 859
原始覆盖度（raw coverage）	0. 407	0. 384	0. 294
唯一覆盖度（unique coverage）	0. 045	0. 035	0. 045
总一致性（solution consistency）	0. 838		
总覆盖度（solution coverage）	0. 487		

由表 6－10 可知，总一致性为 0. 838，高于 0. 75 的最低建议阈值[230]。总覆盖率达到了 0. 487，即本节所得结果解释了 48. 7%

的导致用户持续贡献的原因。研究发现了3条获取用户持续知识贡献的不同路径，证明了组态视角“多元并发”的特性，3个组态的唯一覆盖度依次为0.045、0.035、0.045。

组态1（comments * supporters * followers * ～tag * join_date * idea_age）显示，在supporters作为核心条件存在，comments、followers、join_date、idea_age作为边缘条件存在，tag作为边缘条件存在，experience无关紧要共同作用的情况下，实现用户持续知识贡献。

组态2（comments * supporters * followers * experience * join_date * idea_age）显示，在supporters作为核心条件存在，comments、followers、experience、join_date、idea_age作为边缘条件存在，tag无关紧要共同作用的情况下，实现用户持续知识贡献。

组态3（comments * supporters * followers * ～experience * ～tag * ～join_date * ～idea_age）显示，在supporters作为核心条件存在，comments、followers作为边缘条件存在，experience、tag、join_date、idea_age作为边缘件缺乏共同作用的情况下，实现用户持续贡献。

2#社区的“组态”分析表明，存在单一的核心条件followers直接影响用户的持续贡献行为。通过对三种前因变量组态模型的分析，可以得出以下结论：由表6－10可知，研究发现了3条获取用户高创意更新持续贡献的多条路径，总一致性为0.838，说明3个组态都是用户高创意更新持续贡献的充分条件。模型总覆盖率达到了0.487，即得到的3个组态解释了约50%的导致用户高创意更新持续贡献的原因。3个组态中supporters都作为核心条件存在，表明子样本小规模隐性社区中，关系场力是影响用户创意更新持续贡献行为的关键。

第七节　本章小结

本章主要贡献归纳如下：第一，已有用户持续贡献行为的研究基本侧重在对横向新创意提交的持续贡献行为上，少有已有创意的更新行为的讨论。本章考虑用户在原创意基础上更新、改进的持续贡献行为；讨论了网络结构所产生的信息场力对用户创意更新持续贡献的影响效应，丰富了 OIP 用户持续贡献行为的研究框架。第二，选取两个规模差异较大的隐性社区，比较其产生的场力对用户创意更新持续贡献的影响是否不同。第三，采用 QCA 方法，作为回归分析结果的补充，进一步分析了不同规模社区的场力对用户创意更新持续贡献的多种组态和路径。

本章基于创意线程层面，在用户交互过程分析之后，进一步探讨了用户交互过程中相互作用所产生的场力对用户创意更新持续贡献行为的影响。根据界定的能力场力和关场场力两类场力，分别对应社会反馈和同行认可、社会临场感。用t_{i-1}阶段创意评论数来衡量社会反馈场力，用t_{i-1}阶段点赞数衡量同行认可场力，用t_{i-1}阶段创意被关注数衡量社会临场感场力。每个分析三种场力对t_i时刻用户创意更新持续贡献行为的影响，同时考虑了创新经验的调节作用，使用负二项回归进行分析。结果显示，三种场力均对用户创意更新持续贡献均有正向显著影响，从系数来看，能力场力对用户创意更新的持续贡献行为影响更大。这与第五章隐性社区分析的结果相吻合。评论网中关键用户和隐性社区对组合网的贡献更大，由此基于信息交换的用户间作用产生的场力也更大，相对于关系场力，其对用户创意更新的持续贡献行为更大。同时，用户创新经验的调节作用结果显示，用户的创新经验正向调节社会反馈、社会临场感对用户创意更新的影响，反向调节同行认可对用户创意更新的影响。

本章还进一步使用邹检验，分析了不同规模大小的隐性社区的场力对用户创意更新的差异化影响。不同规模隐性社区的场力对用户创意更新持续贡献的影响有差异，在大规模隐性社区中，社会反馈场力更能积极影响用户创意更新。在小规模隐性社区中，同行认可对用户创意更新持续贡献行为的影响更大。

最后，选择不同社区结构子样本进行用户持续更新持续贡献行为的多种条件组态分析。大规模、高密度的隐性社区为1#社区样本，小规模、低密度隐性社区为2#社区样本。从结果可知，不同隐性社区中的场力虽然都能对用户持续贡献产生积极影响，但影响路径不同。两个子样本社区均发现3条影响路径，其中1#社区中不存在唯一核心条件，而3个组态中组态3的唯一覆盖度最高，该组态中社会反馈是核心存在，我们认为社会反馈更能促进用户持续贡献；小规模低密度隐性社区中也同样存在3个组态，同行认可是唯一核心条件，我们认为同行认可对用户持续贡献的影响更大。差异检验和组态分析的结果不谋而合。

综上所述，用户交互过程中产生的3种场力均对用户创意更新的持续贡献有正向显著影响，且从系数判断，社会反馈影响更大。从对不同规模隐性社区的差异检验分析可知，大规模隐性社区中能力场力是影响用户创意更新持续贡献行为的关键。小规模隐性社区中关系场力是影响用户创意更新持续贡献行为的关键。

开放式创新平台用户
交互与持续贡献
行为研究
Chapter 7

第七章 研究结论与展望

一、主要工作

本书基于“需要从社会结构和个人结构中的位置来解释人的行为”这一社会学命题出发，对OIP虚拟组织进行实证研究：用户动态交互过程中网络要素演化对用户创意更新的持续贡献是否有影响，以及影响机制如何的问题。基于文件梳理，将开放式创新平台用户交互分为两类：基于意见的交互和基于行动的交互。以“输入—过程—输出”模型为研究框架，围绕“用户交互过程中网络要素演化对用户持续贡献行为的影响”这一研究问题，基于社会网络分析和场论，分别对交互网络动态演化中关键用户识别、隐性社区形成及演化、用户持续贡献行为及其多种条件组态展开探讨。全书主要内容如下。

（一）概念界定

（1）已有关于在线社区用户交互行为的研究多从交互者身份维度划分交互类型，且大多仅围绕评论或关注单一交互行为，少有同时考虑不同类型交互行为的研究。本书引入消费者行为领域中对社区交互类型的划分，将开放式创新平台中用户的交互行为分为两类：基于意见的交互和基于行动的交互。

（2）既有文献对用户持续贡献行为主要集中在用户横向，即下一时期持续提交新创意的行为上，没有充分考虑用户在已有创意上更新的持续贡献行为。本书细化了用户持续贡献行为的概念测量，探讨用户在已有创意上更新的持续贡献行为。

（3）将场论应用到在线虚拟平台的应用场景中，分析用户交互过程中相互影响相互作用所形成的场力，分别定义为：社会反馈、同行认可和社会临场感。

（二）引用“输入—过程—输出”过程模型建立本书研究框架

界定两类用户交互行为作为研究框架的“输入”；用户动态交互演变作为“过程”；用户创意更新的持续贡献行为作为“输出”。这些构建用户交互过程到用户创意持续贡献行为的研究思路。

（三）用户交互“过程”分析

（1）关键用户识别：基于两类用户交互——基于意见的交互、基于行动的交互，构建评论网、关注网和组合网，划分时间窗口，在动态交互网络中采用中心性测量指标：度中心性、中间中心性和接近中心性计算个体特征指标。识别不同时期三种用户交互网络中的关键用户，勾画用户在不同类型交互中的地位、作用及对平台信息传播的参与效果，为第五章分析不同阶段交互网络中社区结构的形成和演变研究奠定基础。（2）隐性社区分析：首先，对三类交互网络进行拓扑结构分析，确定网络性质是否有差异；其次，使用社区发现算法识别不同交互网络的隐性社区，并比较同一阶段三类交互网络中有关键用户标识的隐性社区，以确定哪类交互对组合网隐性社区形成的影响更大；最后，对组合网隐性社区的演化展开分析，了解其结构随时间变化的特点。

（四）“输出”分析

交互过程对用户创意更新持续贡献行为的影响分析：用户交互过程中基于信息交换、社会交换会产生不同类型的场力（能力场力、关系场力）。（1）基于负二项回归，验证场力对用户创意更新持续贡献的影响，同时检验用户经验的调节作用；（2）基于隐性社区划分结果，选择两组网络规模有较大差异的隐性社区子样本，对比不同隐性社区的场力是否对用户创意更新持续贡献行为有差异化影响；（3）使用定性比较分析，从“组态”视角，找出条件组态与因变量间的因果关系，作为对前因变量作用效果的验证，并进一步厘清导致用户创意更新持续贡献行为产生的多种条件组态和路径。

二、主要结论

（一）基于交互网络动态演化的 OIP 关键用户识别

用 LEGO Ideas 平台交互数据，基于两类交互行为，分三个时间窗口分别构建评论网、关注网和组合网三类交互网络。采用中心性分析识别不同阶段不同网络中的关键用户。（1）度中心度：评论网随时间变化较大，更多的是百家争鸣的景象，很难有用户一直保持较高的平台“影响力”，这些高“影响力”用户可通过其良好的互动基础及话语权，有效引导平台创新的趋势，并积极推进创新扩散。关注行为相对稳定且持久，如#98、#101、#33 用户在 3 期中均能在关注网中保持较高的度中心度。（2）从中间中心性结果来看，用户积极参与创意评论，很难有用户一直稳居“桥梁”的位置，评论网依然随时间变化较大；而关注网中，有些用户可以在一段时间内保持自己的“桥梁”位置，如#98、#101“关注”关系较稳定、持久；组合网中控制信息传递及社区资源的媒介者大多来自评论网。处于“桥梁”位置的用户扮演着媒介者的角色，他们通过自身促成用户间的协作和沟通关系，形成群组与群组间的创新扩散信息生态，促进重叠社群的演化，并促进多元声音的流动。（3）组合网中来自关注网的高接近中心度用户占比逐渐凸显，相对评论关系，关注网的用户对社区信息获取较容易。随着时间的变化，关注网中的高接近中心度用户变化比较大，只有少量用户能够保持与其他用户较近的距离，及时获取他人的创意动态，或自己的动态被获知。评论网情况略有不同，#211、#121 #33、#63、#90 用户能在一段时间内保持高接近中心性，一直距离其他节点比较近，更容易被别人“看到”，他们发布的创意更新或评论能很快被获知，也能较快地获取他人的创意评论，这类用户在信息传递的有效性上表现突出，且在创意精练及更新中起着重要作用。

（二）隐性社区形成及演化研究

结果表明，（1）三类交互网络度分布遵循幂律分布，网络都具有无标度特性，随着网络规模的不断扩大，新的节点更倾向于与那些具有较高连接度的 hub 节点相连接。这些网络中没有发现星型结构或层次结构，存在少数用户参与了大量的互动，他们是网络的中心或积极用户。（2）不同交互关系围绕关键用户形成新的隐性社区。用户之间通过建立评论关系和关注关系相互连通，从而形成更密集的社群，因此组合网络更接近 OIP 的真实网络结构。此外，相比于关注关系，评论关系对组合网络的结构及创新扩散的影响更大，即“评论”关系对隐性社区的形成及创新参与更重要。（3）从网络演化来看，随着时间的增长，隐性社区中的节点数和连接数呈现递增趋势，但网络并没有变得越来越稠密，实际网络依然是稀疏的，而 OIP 的信息传播效率却越来越高。组合网络更接近开放式创新平台的真实网络结构。随着时间的增长，隐性社区节点数和连接数呈现递增趋势，同时，在组合网隐性社区中，基于“评论”关系的子群随着时间推移更新迭代较快，而基于“关注”关系的子群相对稳定且持久。

（三）用户创意更新持续贡献研究

结果表明，（1）基于意见的集体交互产生的信息类场力与创意更新持续贡献行为的关系。采用其他用户对用户创意的社会反馈这一指标来度量，其对用户创意更新持续贡献产生积极的正向影响。用户间基于行动的集体交互产生的信息类场力与创意更新持续贡献行为的关系。同行认可和社会临场感两个指标均对用户创意更新持续贡献有积极正向影响。（2）用户创新经验的调节作用。用户创新经验在社会反馈和用户创意更新持续贡献行为之间具有正向调节作用，用户创新经验在同行认可和用户创意更新持续贡献行为之间具有反向调节作用，用户创新经验在社会临场感和用户创意更新持续贡献行为之间具有正向调节作用。（3）不同规模隐性社区的场力对用户创意更新持续贡献的影响有差异，在大规模隐性社区中，能力场力更能积极影响用户创意更新。在小规模隐性社区中，关系场力对用户创意更新持续贡献行为的影响更大。

三、管理启示

（一）注重关键用户识别和管理

关键用户处于交互网络中的重要位置，本书的实证结果显示，处在网络中心位置和“桥梁”位置的用户，以及与他人拥有较多关联的用户，通常具有对信息传递和创新扩散起到重要作用，且更可能居于隐性社区的核心，这些用户是平台中潜在的关键创新者。

平台企业可以通过社会网络分析工具，并根据不同需求识别和管理不同类型交互网络中的关键用户。通过分析用户的中心度指标，对高影响力用户、网络媒介用户和高信息传递用户实施不同的管理和激励政策。例如，颁发不同类别的勋章或授予不同等级的平台积分，还可以满足他们的进一步需求，以最大可能激发和保持关键用户的参与热情及持续贡献行为。基于社会网络分析识别和管理关键用户是平台企业可以利用的重要用户管理工具，企业可以在节省人力物力的情况下，把有限的资源分配给关键用户，提升用户管理的有效性和价值最大化。

（二）深化用户间基于创意的不同交互

OIP 用户交互过程对用户创新更新有积极的影响和作用，企业必须鼓励用户基于创意而进行积极交互，深化用户间的知识交换和社会交换。基于本书研究发现，用户交互分为基于意见的交互和基于行动的交互，且根据场论，能力场力对大规模隐性社区的用户创意更新有积极影响，在小规模隐性社区中，关系场力对用户创意更新持续贡献行为的影响更大。因此，平台企业可根据不同规模社区的用户实施差异化的用户交互激励政策。平台企业可以通过更加有趣的交互设计吸引小规模隐性社区中用户参与点赞、关注等基于行动的交互，也可根据用户浏览数据，主动推送与用户兴趣点相吻合的创意项目，并对达到一定数量的用户交互给予适当激励。为吸引用户围绕创意进行评论，平台可开展评论排行榜等具有一定趣味性设计的激励机制，鼓励用户对平台创意“发声”，更好地促进用户间的学习，增加用户间基于意见交互的意愿和行动。

同时，平台企业还可以丰富用户交互的途径和形式，如允许用户私聊、引入趣味性交互游戏或创新竞赛等方式，给用户提供多样化的交互渠道，以此加深用户间的交流频次和交互深度，更好地激发用户的创新思路，让用户产生更多的灵感火花，进而使用户持续贡献成为可能。

（三）鼓励用户创意更新

平台管理者应该鼓励用户对已有创意进行不断优化，尤其是新手或经验不够丰富的用户，在首次进行创意更新并获得其他用户良好反馈时，平台应予以声誉或积分激励。此外，管理者还可以优化平台 IT 组件，增加新的功能，让用户可以通过音频、视频等更便利的形式更新创意。

四、研究不足

本书以“输入—过程—输出”模型为研究框架，围绕“用户交互过程中网络要素演化对用户持续贡献行为的影响”这一研究问题，基于社会网络分析和场论，分别对交互网络动态演化中关键用户识别、隐性社区形成及演化、用户持续贡献行为及不同隐性社区的持续贡献行为差异化和组态分析展开探讨。但仍存在一些不足和缺陷，主要体现在以下几个方面。

（1）样本选择较为单一。本书以乐高的 LEGO Ideas 平台作为开放式创新平台的代表，但考虑到不同平台的运行和管理机制存在差异，研究结果的普适性需要在更多平台中进行检验。

（2）样本数据不够丰富。本书只选择了半年的面板数据，虽然可以了解平台上基于用户交互的动态过程，但更长的时间长度可能蕴含不同的变化。同时，本书仅围绕用户交互行为展开，未涉及创意特征、评论内容等文本分析，可能会存在遗漏变量而产生内生性问题，未来还会进一步扩大数据的时间跨度及研究变量的多样性，以期有更多发现。

（3）用户间的交互网络的构建未考虑边的方向及权重。此外，仅靠中心性分析识别关键用户，未考虑节点间关系强度、互动频率、网络规模等其他网络特征，致使研究结论略显单薄。

（4）对于场力的产生未做深入研究，只是选择正向作用力，未考虑场内存在的阻力。未来还需要进一步挖掘探讨场力的不同类型。

五、研究展望

未来研究将会扩展数据选择的广度与长度，基于不同的平台开展研究，并进一步探究平台层面的相关问题，如平台创新绩效、知识共享等。同时将环境因素、创意特征、用户特征、评论内容等更多的因素考虑进来，保证研究结论的严谨性，为平台如何提高用户持续、深度交互和提升创意质量提出可行建议。

此外，未来还将围绕平台用户生成内容，开展主题挖掘和热点分析，并比较隐性社区和显性社区用户主题热点是否存在差异，为平台掌握用户真实需求和想法提出可行的分析方法。

参考文献

［1］ Chesbrough H. Open Innovation: The New Imperative for Creating and Profiting from Technology ［M］. Boston: Harvard Business Press, 2003.

［2］ 陈劲. 全球化背景下的开放式创新：理论构建和实证研究 ［M］. 北京：科学出版社，2013.

［3］ Carmel E, Agarwal R. Tactical approaches for alleviating distance in global software development ［J］. IEEE Software, 2001, 18 (2): 22 – 29.

［4］ von Hippel E, von Krogh G. Open source software and the Private – collective innovation model: Issues for organization science ［J］. Organization Science, 2003, 12 (2): 209 – 233.

［5］ Carmel E. Building your information systems from the other side of the world: How infosys manages time zone differences ［J］. MISQ Executive, 2006, 5 (1): 43 – 53.

［6］ Schlagwein D, Bjørn – Andersen N. Organizational learning with crowdsourcing: the revelatory case of LEGO ［J］. Journal of the Association for Information Systems, 2014, 15 (11): 754 – 778.

［7］ Leimeister J M, Huber M, Bretschneider U, et al. Leveraging crowdsourcing: activation – supporting components for IT – based ideas competition ［J］. Journal of Management Information Systems, 2009, 26 (1): 197 – 224.

[8] Adamczyk S, Bullinger A C, Möslein K M. Innovation contests: a review, classification and outlook [J]. Creativity and Innovation Management, 2012, 21 (4): 335 -360.

[9] Mazzola E, Acur N, Piazza M, et al. "To own or not to own?" A study on the determinants and consequences of alterantive intellectual property rights arrangements in crowdsourcing for innovation contests [J]. Journal of Product Innovation Management, 2018, 35 (6): 908 -929.

[10] Hallerstede S H. Managing the Lifecycle of Open Innovation Platforms [M]. New York: Springer Science & Business Media, 2013.

[11] Gassmann O, Enkel E, Chesbrough H W. The Future of Open Innovation [J]. R & D Management, 2010, 40 (3): 213 - 221.

[12] Chesbrough H, Brunswicker S. A Fad or a Phenomenon? The Adoption of Open Innovation Practices in Large Firms [J]. Research - Technology Management, 2014, 57 (2): 16 -25.

[13] Brunswicker S, Chesbrough H. The Adoption of Open Innovation in Large Firms Practices, Measures, and Risks [J]. Research - Technology Management, 2018, 61 (1): 35 -45.

[14] Von Hippel E. Lead Users: A Source of Novel Product Concepts [J]. Management Science, 1986, 32 (7): 791 -805.

[15] Yan J, Leidner D E, Benbya H. Differential Innovativeness Outcomes of User and Employee Participation in an Online User Innovation Community [J]. Journal of Management Information Systems, 2018, 35 (3): 900 -933.

[16] 秦敏，乔晗，陈良煌．基于CAS理论的企业开放式创新社区在线用户贡献行为研究：以国内知名企业社区为例 [J].

管理评论，2015，27（1）：126－137.

［17］ Baldwin C Y, Von Hippel E. Modeling a Paradigm Shift: From Producer Innovation to User and Open Collaborative Innovation ［J］. Organization Science, 2011, 22（6）: 1399－1417.

［18］ Jawecki G, Füller J, Gebauer J. A Comparison of Creative Behaviours in Online Communities across Clutures ［J］. Creativity and Innovation Management, 2011, 20（3）: 144－156.

［19］ 秦敏，梁溯．在线产品创新社区用户识别机制与用户贡献行为研究：基于亲社会行为理论视角［J］．南开管理评论，2017，20（3）：28－39.

［20］ Bateman P J, Gray P H, Butler B S. The Impact of Community Commitment on Participation in Online Communities ［J］. Information Systems Research, 2011, 22（4）: 841－854.

［21］ Dahlander L, Wallin M W. A man on the inside: Unlocking communities as complementary assets. ［J］. Research Policy, 2006, 35（8）: 1243－1259.

［22］ Neyer A K, Bullinger A C, Moeslein K M. Integrating inside and outside innovators: a sociotechnical systems perspective ［J］. R&D Management, 2009, 39（4）: 410－419.

［23］ Chesbrough H, Vanhaverbeke W, West J. Open Innovation: Researching a New Paradigm ［M］. Oxford: Oxford University Press, 2006.

［24］ Huizingh E K R E. Open innovation: State of the art and future perspectives ［J］. Technovation, 2011, 31（1）: 2－9.

［25］ Terwiesch C, Xu Y. Innovation Contests, Open Innovation, and Multiagent Problem Solving ［J］. Management Science, 2008, 54（9）: 1529－1543.

［26］ Dahlander L, Gann D M. How open is innovation? ［J］.

Research Policy, 2010, 39 (6): 699 - 709.

[27] Chesbrough H. Open business models: how to thrive in the new innovation landscape [M]. Boston, MA: Mcgraw - Hill Professional, 2006.

[28] Gassmann O, Enkel E. Towards a Theory of Open Innovation: Three Core Process Archetypes: R&D management conference [Z]. Sesimbra: 20041 - 18.

[29] Von Hippel E. Democratizing Innovation [M]. Cambridge, MA: The MIT Press, 2005.

[30] Morrison P D, H J H R J, Midgley D F. The Nature of Lead Users and Measurement of Leading Edge Status [J]. Research Policy, 2004, 33 (2): 351 - 362.

[31] Jeppesen L B, Frederiksen L. Why Do Users Contribute to Firm - Hosted User Communities? The Case of Computer - Controlled Music Instruments [J]. Organization Science, 2006, 17 (1): 45 - 63.

[32] Janzik L, Herstatt C. Innovation Communities: Motivation and Incentives for Community Members to Contribute: IEEE International Conference on Management of Innovation and Technology [Z]. IEEE, 2008350 - 355.

[33] Frey K, Lüthje C, Haag S. Whom should Firms Attract to Open Innovation Platforms? The Role of Knowledge Diversity and Motivation [J]. Long Range Planning, 2011, 44 (5): 397 - 420.

[34] Von Hippel E E, Franke N, Prügl R. Pyramiding: Efficient Search for Rare Subjects [J]. Research Policy, 2009, 38 (9): 1397 - 1406.

[35] Brem A, Bilgram V. The Search for Innovative Partners in Co - creation: Identifying Lead Users in Social Media through Netnog-

raphy and Crowdsourcing [J]. Journal of Engineering and Technology Management, 2015, 37 (3): 40-51.

[36] Belz F M, Baumbach W. Netnography as a Method of Lead User Identification [J]. Creativity and Innovation Management, 2010, 19 (3): 304-313.

[37] 杨波，刘伟. 基于应用扩展和网络论坛的领先用户识别方法研究 [J]. 管理学报，2011，8 (9): 1353-1358.

[38] Pajo S, Verhaegen P A, Vandevenne D, et al. Fast Lead User Identification Framework [J]. Procedia Engineering, 2015, 131 (33): 1140-1145.

[39] Pajo S, Vandevenne D, Duflou J R. Automated Feature Extraction from Social Media for Systematic Lead User Identification [J]. Technology Analysis & Strategic Management, 2017, 29 (6): 642-654.

[40] 叶三龙. 基于聚类分析的网络社区领先用户发现研究 [D]. 合肥工业大学，2013.

[41] Lüthje C, Herstatt C. The Lead User Method: an Outline of Empirical Findings and Issues for Future Research [J]. R&D Management, 2004, 34 (5): 553-568.

[42] 董洁林，陈娟. 无缝开放式创新：基于小米案例探讨互联网生态中的产品创新模式 [J]. 科研管理，2014，35 (12): 76-84.

[43] 王楠，陈详详，孙百惠，等. 谁的创意更具价值——内外部领先用户的对比研究 [J]. 南开管理评论，2021，24 (5): 51-62.

[44] Sommerville I. Software engineering [M]. Boston, MA: Pearson, 2011.

[45] Diener K, Piller F. The Market for Open Innovation [M].

Raleigh, NC: Lulu Publishing, 2010.

[46] Ebner W, Leimeister J M, Krcmar H. Community engineering for innovations: the ideas competition as a method to nurture a virtual community for innovations [J]. R & D Management, 2009, 39 (4): 342 -356.

[47] Mcwilliam C. Building stronger brands through online communities [J]. MIT Sloan Management Review, 2000, 41 (3): 43 - 54.

[48] Ihlenburg D. Interaktionsplattformen und Kundenintegration in Industriegütermärkten [M]. Wiesbaden: Gabler, 2011.

[49] Trist E L, Bamforth K W. Some Social and Psychological Consequences of the Longxwall Method of Coal - Getting: An Examination of the Psychological Situation and Defences of a Work Group in Relation to the Social Structure and Technological Content of the Work System [J]. Human Relations, 1951, 4 (1): 3 -38.

[50] Bostrom R P, Heinen J S. MIS problems and failures: a socio - technical perspective - Part I: The causes [J]. MIS Quarterly, 1977, 1 (3): 17 -32.

[51] Krcmar H. Informationsmanagement (5th ed.) [M]. Heidelberg: Springer, 2010.

[52] Bullinger A C, Moeslein K M. Innovation Contests: Systematization of the Field and Future Research [J]. International Journal of Virtual Communities and Social Networking, 2011, 3 (1): 1 - 12.

[53] 周雪光. 组织社会学十讲 [M]. 北京: 社会科学文献出版社, 2003.

[54] Jawecki G, Fuller J, Gebauer J. A Comparison of Creative Behaviours in Online Communities across Cultures [J]. Creativity and

Innovation Management, 2011, 20 (3): 144 - 156.

[55] 张晓娟, 周学春. 社区治理策略、用户就绪和知识贡献研究: 以百度百科虚拟社区为例 [J]. 管理评论, 2016, 28 (9): 72 - 82.

[56] Chun H. Creative Project and Reward Based Crowdfunding: Determinants of Success [J]. Journal of the Korea Contents Association, 2015, 15 (5): 560 - 569.

[57] Gasser L, Ripoche G, Scacchi W, et al. Understanding Continuous Design in F/OSS Projects: 16th. Intern. Conf. software & systems engineering & their applications [Z]. 2003.

[58] Kuppuswamy V, Bayus B L. Crowdfunding Creative Ideas: The Dynamics of Project Backers in Kickstarter [J]. Social Science Electronic Publishing (SSRN Working Paper No. 2234765), 2013.

[59] Kunz M M, Bretschneider U, Erler M. An Fmpirical Investigation of Signaling in Reward - Based Crowdfunding [J]. Electronic Commerce Research, 2017, 17 (3): 1 - 37.

[60] Tsinopoulos C C, Al - Zu'Bi Z. Clockspeed effectiveness of lead users and product experts [J]. International Journal of Operations & Production Management, 2012, 32 (9): 1097 - 1118.

[61] Franke N, von Hippel E, Schreier M. Finding commercially attractive user innovations: A test of lead - user theory [J]. Journal of Product Innovation Management, 2006, 23 (4): 301 - 315.

[62] 原欣伟, 杨少华. 在线用户创新社区的知识创造——研究综述与理论分析框架 [J]. 情报科学, 2017, 35 (7): 164 - 171.

[63] Nambisan S. Information technology and product/service innovation: a brief assessment and some suggestions for future research [J]. Journal of the Association for Information Systems, 2013, 14

(4): 215 - 226.

[64] Di Gangi P M, Wasko M. Steal My Idea! Organizational Adoption of User Innovations from a User Innovation Community: A Case Study of Dell Ideastorm [J]. Decision Support Systems, 2009, 48 (1): 303 - 312.

[65] Schröder A, Hölzle K. Virtual Communities for Innovation: Influence Factors and Impact on Company Innovation [J]. Creativity & Innovation Management, 2010, 19 (3): 257 - 268.

[66] 曾庆丰，付春红，梅晓燕. 企业开放式在线创新平台的运行模式及案例研究 [J]. 华东科技，2012，9 (9): 66 - 69.

[67] Stephen A T, Zubcsek P P, Goldenberg J. Lower Connectivity Is Better: The Effects of Network Structure on Redundancy of Ideas and Customer Innovativeness in Interdependent Ideation Tasks [J]. Journal of Marketing Research, 2016, 53 (2): 263 - 279.

[68] 唐洪婷，李志宏，张沙清. 融合知识特征与协同属性的创新用户群发现研究 [J]. 情报学报，2021，40 (5): 534 - 546.

[69] Jeppesen L B, Laursen K. The role of lead users in knowledge sharing [J]. Research Policy, 2009, 38 (10): 1582 - 1589.

[70] Belz F, Baumbach W. Netnography as a Method of Lead User Identification [J]. Creativity and Innovation Management, 2010, 19 (3): 304 - 313.

[71] Pajo S, Verhaegen P, Vandevenne D, et al. Analysis of Automatic Online Lead User Identification [C]. Berlin, Heidelberg: Springer Berlin Heidelberg, 2013.

[72] 原欣伟，杨少华，王超超，等. 基于用户特征抽取和随机森林分类的用户创新社区领先用户识别研究 [J]. 数据分析与知识发现，2017，1 (11): 62 - 74.

[73] 王楠，张士凯，赵雨柔，等. 在线社区中领先用户特征

对知识共享水平的影响研究——社会资本的中介作用[J]. 管理评论，2019，31（2）：82－93.

[74] 郑晓霞，李志强．社交媒体中领先用户创新知识共享研究[J]. 经济问题，2021，42（7）：111－119.

[75] Morrison P D，Roberts J H，Von Hippel E. Determinants of user innovation and innovation sharing in a local market [J]. Management Science，2000，46（12）：1513－1527.

[76] Brem A，Bilgram V. The search for innovative partners in co－creation：Identifying lead users in social media through netnography and crowdsourcing [J]. Journal of Engineering & Technology Management，2015，37（3）：40－51.

[77] 王莉，李沁芳，马云龙．基于改进网络志方法的开放式创新社区中领先用户识别研究[J]. 科研管理，2019，40（10）：259－267.

[78] 梁若愚，张凌浩，王磊．在线开放创新社区环境下的领先用户识别方法研究[J]. 机械设计，2019，36（10）：24－30.

[79] 付轼辉，焦媛媛，雪高．创新社区中的领先用户识别[J]. 科学学研究，2019，37（5）：919－929.

[80] 单晓红，王春稳，刘晓燕，等．开放式创新社区领先用户识别——知识基础观视角[J]. 数据分析与知识发现，2021，57（9）：84－96.

[81] 王莉，任浩．虚拟创新社区中消费者互动和群体创造力——知识共享的中介作用研究[J]. 科学学研究，2013，31（5）：702－710.

[82] Wang N X，Li Q X，Liang H G，et al. Understanding the Importance of Interaction Between Creators and Backers in Crowdfunding Success [J]. Electronic Commerce Research and Application，2018，27（1）：106－117.

[83] 刘倩，孙宝文 . COI 社区在线交互对用户创意质量的影响——专业成功经验的调节效应 [J]. 南开管理评论，2018，21 (2)：16 – 27.

[84] 张宁，赵文斐，庞智亮，等 . 企业开放式创新社区创意采纳影响因素研究——价值共创视角 [J]. 科技进步与对策，2021，38 (16)：91 – 100.

[85] Hausman A, Bagozzi R P. The role of social and self – conscious emotions in the regulation of business to business relationships in salesperson – customer interactions [J]. Journal of Business & Industrial Marketing, 2006, 21 (7): 453 – 457.

[86] Chan K W, Li S Y, Zhu J J. Fostering Customer Ideation in Crowdsourcing Community: The Role of Peer – to – peer and Peer – to – firm Interactions [J]. Journal of Interactive Markting, 2015, 31 (3): 42 – 62.

[87] Moqri M, Mei X, L L Q, et al. Effect of "Following" on Contributions to Open Source Communities [J]. Journal of management information systems, 2018, 35 (4): 1188 – 1217.

[88] 庄倩，骆慧颖，戴崇丞，等 . 用户交互对社会标注行为的差异影响研究——以豆瓣网为例 [J]. 图书情报工作，2020，64 (20)：117 – 128.

[89] Nov O, Ye C, Kumar N. A social capital perspective on meta – knowledge contribution and social computing [J]. Decision Support Systems, 2012, 53 (1): 118 – 126.

[90] 关培兰，顾巍 . 研发人员知识贡献的影响因素及评价模型研究 [J]. 武汉大学学报：哲学社会科学版，2007，60 (5)：652 – 656.

[91] von Hippel E. Horizontal Innovation Networks – By and For Users [J]. Industrial and Corporation Change, 2009, 16 (2): 293 –

315.

[92] Magnusson P R. Exploring the Contributions of Involving Ordinary Users in Ideation of Technology – Based Services [J]. Journal of Product Innovation Management, 2009, 26 (5): 578 – 593.

[93] Ma M, Agarwal R. Through a Glass Darkly: Information Technology Design, Identity Verification, and Knowledge Contribution in Online Communities [J]. Information Systems Research, 2007, 18 (1): 42 – 67.

[94] 周军杰. 在线社区内不同群体的知识贡献行为：一项对比研究 [J]. 管理评论, 2015, 27 (2): 55 – 67.

[95] Frey K, Lüthje C, Haag S. Whom Should Firms Attract to Open Innovation Platforms? The Role of Knowledge Diversity and Motivation [J]. Long Range Planning, 2011, 44 (5 – 6): 397 – 420.

[96] 郭伟, 王洋洋, 梁若愚, 等. 开放式创新社区中用户交互反馈对个体创新贡献度的影响 [J]. 科技进步与对策, 2018, 35 (3): 146 – 152.

[97] Mahr D, Lievens A. Virtual Lead User Communities: Drivers of Knowledge Creation for Innovation [J]. Research Policy, 2012, 41 (1): 167 – 177.

[98] 顾美玲, 迟铭, 韩洁平. 开放式创新社区治理机制对用户知识贡献行为的影响——虚拟社区感知的中介效应 [J]. 科技进步与对策, 2019, 36 (20): 1 – 8.

[99] 迟铭, 毕新华, 徐永顺. 治理机制对顾客参与价值共创行为的影响 [J]. 经济管理, 2020, 42 (2): 144 – 159.

[100] Taggar S. Individual Creativity and Group Ability to Utilize Individual Creative Resources: A Multilevel Model [J]. Academy of Management journal, 2002, 45 (2): 315 – 330.

[101] 王永贵, 马双. 虚拟品牌社区顾客互动的驱动因素及

对顾客满意影响的实证研究［J］. 管理学报，2013，10（9）：1375－1383.

［102］Kwan Y Y，Chiu C Y. Country Variations in Different Innovation Outputs：The Interactive Effect of Institutional Support and Human Capital［J］. Journal of Organizational and End User Computing Behavior，2015，36（7）：1050－1070.

［103］Meuleman M，Wright M. Cross－Border Private Equity Syndication：Institutional Context and Learning［J］. Journal of Business Venturing，2011，26（1）：35－48.

［104］Stenholm P，Acs Z J，Wuebker R. Exploring Country－Level Institutional Arrangements on the Rate and Type of Entrepreneurial Activity［J］. Journal of Business Venturing，2013，28（1）：176－193.

［105］Huang M C，Chiu Y P. Relationship Governance Mechanisms and Collaborative Performance：A Relational Life－Cycle Perspective［J］. Journal of Purchasing and Supply Management，2018，24（3）：260－273.

［106］Wareham J，Fox P B，Giner J L C. Technology Ecosystem Governance［J］. Organization Science，2014，25（4）：1195－1215.

［107］郭韬，丁小洲，任雪娇. 制度环境，商业模式与创新绩效的关系研究——基于系统动力学的仿真分析［J］. 管理评论，2019（9）：14.［J］. 管理评论，2019，31（9）：193－206.

［108］Ivaturi K，Chua C. Framing norms in online communities［J］. Information & Management，2019，56（1）：15－27.

［109］Chen C S，Chang S F，Liu C H. Understanding knowledge－sharing motivation，incentive mechanisms，and satisfaction in virtual communities［J］. Social Behavior and Personality，2012，40（4）：639－648.

[110] 王莉，金曼慧．开放式创新社区中激励机制对消费者创新行为的影响研究 [J]．科学学与科学技术管理，2018，39 (6)：58 – 71.

[111] Bullinger A C，J J H，Moeslein K M. Innovation Mobs – Unlocking the Innovation Potential of Virtual Communities：Fifteenth Americas Conference on Information Systems [Z]．2009.

[112] Saxton G，Onookoh，Rajivkishore. Rules of Crowdsourcing：Models，Issues，and Systems of Control [J]．Journal of Information Systems Management，2013，30 (1)：2 – 20.

[113] Cavusoglu H，Li Z，Kim S H. How do Virtual Badges Incentivize Voluntary Contributions to Online Communities? [J]．Information & Management，2021，58 (3)：1 – 17.

[114] 夏恩君，赵轩雅．网络众包参与者行为的影响因素研究——基于小米网络众包社区的实证研究 [J]．研究与发展管理，2017，29 (1)：10 – 21.

[115] Zhang Y，Li H. Innovation search of new ventures in a technology cluster：the role of ties with service intermediaries [J]．Strategic Management Journal，2010，31 (1)：88 – 109.

[116] Lin M J J，Tu Y C，Chen D C，et al. Customer Participation & New Product Development Outcomes：The Moderating Role of Product Innovativeness [J]．Journal of Management & Organization，2013，19 (3)：314 – 337.

[117] Füller J，Bartl M，Ernst H. Community Based Innovation：How to Integrate Members of Virtual Communities in to New Product Development [J]．Electronic Commerce Research，2006，6 (1)：57 – 73.

[118] Dong J Q，Wu W. Business Value of Social Media Technologies：Evidence from Online User Innovation Communities [J].

The Journal of Strategic Information Systems, 2015, 24 (2): 113 - 127.

[119] 解学梅，王丽君. 用户参与对企业新产品开发绩效的影响机理：基于在线社区视角 [J]. 南开管理评论，2019，22 (3): 91 - 102.

[120] Wu X B, Li S H, Xu N, et al. User participation depth and innovation performance of Internet companies: the moderating effect of environmental turbulence [J]. Technology Analysis & Strategic Management, 2021.

[121] 蔡宁，闫春. 开放式创新绩效的测度：理论模型与实证检验 [J]. 科学学研究，2013，31 (3): 469 - 480.

[122] 朱庆华，赵宇翔. 新一代互联网环境下用户生成内容的研究与应用 [M]. 北京：科学出版社，2014.

[123] 赵宇翔，范哲，朱庆华. 用户生成内容 (UGC) 概念解析及研究进展 [J]. 中国图书馆学报，2012，38 (5): 68 - 80.

[124] Li M, Kankanhalli A, Kim S H. Which ideas are more likely to be implemented in online user innovation communities? An empirical analysis [J]. Decision Support Systems, 2016, 84 (4): 28 - 40.

[125] Jelonek D, Paweloszek I. Semantic technologies in the management of open innovation platform [J]. Business Informatics, 2013, 30 (4): 169 - 180.

[126] Martines - Torres M R. Application of evolutionary computation techniques for the identification of innovators in open innovation communities [J]. Expert Systems with Applications, 2013 (40): 2503 - 2510.

[127] Lee H, Choi K, D D Y. Recommending valuable ideas in an open innovation community: a text mining approach to information

overload problem [J]. Industrial Management & Data Systems, 2018, 118 (4): 683 - 699.

[128] Olmedialla M, Send H, Toral S L. Identification of the unique attributes and topics within smart things open innovation communities [J]. Industrial Management & Data System, 2019, 146 (9): 133 - 147.

[129] Huang N, Hong Y L, Burtch G. Social Network Integration and User Content Generation: Evidence From Natural Experiments [J]. MIS Quartly, 2017, 41 (4): 1035 - 1058.

[130] 吴增源，周彩虹，易荣华，等. 开放式创新社区集体智慧涌现的生态演化分析——基于知识开放视角 [J]. 中国管理科学，2021，29 (4)：202 - 212.

[131] Schweisfurth T. Comparing Internal and External Lead Users as Sources of Innovation [J]. Research Policy, 2017, 46 (1): 238 - 248.

[132] Jagtap S, Larsson A, Hiort V, et al. Interde - pendency between Average Novelty, Individual Average Novelty, and Variety [J]. International Journal of Design Creativity and Innovation, 2015, 3 (1): 43 - 60.

[133] Westerski A, Dalamagas T, Iglesias C A. Classifying and comparing community innovation in Idea Management Systems [J]. Decision Support Systems, 2013, 54 (3): 1316 - 1326.

[134] Hossain M, Islam K M Z. Generating Ideas on Online Platforms: A Case Study of "My Starbucks Idea" [J]. Arab Economic and Business Journal, 2015, 10 (2): 102 - 111.

[135] Schemmann B, Herrmann A M, Chappin M. Crowdsourcing ideas: Involving ordinary users in the ideation phase of new product development [J]. Research Policy, 2016, 45 (6): 1145 - 1154.

[136] 王美月．学术虚拟社区用户社会化交互行为研究[D]．吉林：吉林大学，2021.

[137] 郑杭生．社会学概论新修[M]．北京：中国人民大学出版社，2003.

[138] Blattberg R C，Deighton J. Interactive marketing：exploring the age of addressability [J]．Sloan Management Review，1991，33（1）：5－14.

[139] Noort G V，Voorveld H，Reijmersdal E. Interactivity in Brand Web Sites：Cognitive，Affective，and Behavioral Responses Explained by Consumers' Online Flow Experience [J]．Journal of Interactive Marketing，2012，26（4）：223－234.

[140] 邓小昭．试析因特网用户的信息交互行为[J]．情报资料工作，2003（5）：24－25.

[141] 杨友娣，邓胜利．在线交互网络的形成及其判定研究[J]．情报理论与实践，2014，37（6）：98－102.

[142] 吴江，李姗姗，周露莎，等．基于随机行动者模型的在线医疗社区用户关系网络动态演化研究[J]．情报学报，2017，36（2）：213－220.

[143] Wasko M M，Faraj S. Why Should I Share? Examining Social Capital and Knowledge Contribution in Electronic Networks of Practice [J]．MIS Quarterly，2005，29（1）：35－57.

[144] Blavzevic V，Wier T C，Cotte J，et al. GOSIP in cyber－space：conceptualization and scale development for general online social interaction propensity [J]．Journal of interactive marketing，2014，28（2）：87－100.

[145] Alleb S M，Chorley M J，Colombo G B. Exploiting user interest similarity and social links for micro－blog forwarding in mobile opportunistic networks [J]．Pervasive and mobile computing，2014，

11: 106 - 131.

[146] Lu X, Yu Z, Guo B. Predicting the content dissemination trends by repost behavior modeling in mobile social networks [J]. Journal of network and computer applications, 2014, 42: 197 - 207.

[147] 邓胜利, 蒋雨婷. 用户交互特征对知识付费行为预测的贡献度研究 [J]. 图书情报工作, 2020, 64 (8): 93 - 102.

[148] 吴江, 施立. 基于社会网络分析的在线医疗社区用户交互行为研究 [J]. 情报科学, 2017, 35 (7): 120 - 125.

[149] 蔡志斌. 知乎社区成员互动关系研究——以"小米手机"话题为例 [J]. 图书情报工作, 2016, 60 (17): 88 - 93.

[150] 詹天成, 曹子君, 王忠义. 基于社会网络分析的微博媒体领袖间的关系研究 [J]. 情报科学, 2018, 36 (8): 15 - 21.

[151] Chen Y, Wang Q, Xie J. Online social interactions: A natural experiment on word of mouth versus observational learning [J]. Journal of Marketing Research, 2011, 2 (48): 238 - 254.

[152] Thies F, Wessel M, Benlian A. Effects of Social Interaction Dynamics on Platforms [J]. Journal of Management Information System, 2016, 3 (33): 843 - 873.

[153] Cheung C M K, Xiao B S, Liu I L. Do actions speak louder than voices? The signaling role of social information cues in influencing consumer purchase decisions [J]. Decision Support Systems, 2014, 1 (65): 50 - 58.

[154] Tucker C, Zhang J. How does popularity information affect choices? A field experiment [J]. Management Science, 2011, 5 (57): 828 - 842.

[155] 万莉, 程慧平. 基于自我决定理论的虚拟知识社区用户持续知识贡献行为动机研究 [J]. 情报科学, 2016, 34 (10): 15 - 19.

[156] Chen L, Marsden J R, Zhang Z J. Theory and Analysis of Company - Sponsored Value Co - Creation [J]. Journal of Management Information Systems, 2012, 29 (2): 141 - 172.

[157] 金晓玲，汤振亚，周中允，等. 用户为什么在问答社区中持续贡献知识?: 积分等级的调节作用 [J]. 管理评论，2013，25 (12): 138 - 146.

[158] 沈宇飞，廖博，徐杨. 社会化问答社区中声誉系统对知识分享活动的影响研究 [J]. 情报学报，2018，37 (11): 1154 - 1163.

[159] 王骞敏，孙建军. 网络群体协作中用户持续贡献行为影响因素研究 [J]. 图书馆杂志，2018，37 (5): 12 - 20.

[160] 龚主杰，赵文军，熊曙初. 基于感知价值的虚拟社区成员持续知识共享意愿研究 [J]. 图书与情报，2013 (5): 89 - 94.

[161] 王婷婷，戚桂杰，张雅琳，等. 开放式创新社区用户持续性知识共享行为研究 [J]. 情报科学，2018，36 (2): 139 - 145.

[162] Jin J, Li Y, Zhong X, et al. Why Users Contribute Knowledge to Online Communities: An Empirical Studyof An Online Social Q&A Community [J]. 2015, 52 (7): 840 - 849.

[163] 张大勇，孙晓晨. 社交网络用户信息贡献行为影响因素分析 [J]. 情报科学，2018，36 (2): 95 - 100.

[164] Guan T, Wang L, Jin J H. Knowledge Contribution Behavior in Online Q&A Communities: An Empirical Investigation [J]. Computers in Human Behavior, 2018, 81 (4): 137 - 147.

[165] Hwang E H, Singh P V, Argote L. Jack of All, Master of Some: Information Network and Innovation in Crowdsourcing Communities [J]. Information Systems Research, 2019, 30 (2): 389 - 410.

[166] Toral S L, Martínez – Torres M R, Barrero F. Analysis of Virtual Communities Supporting Oss Projects Using Social Network Analysis [J]. Information & Software Technology, 2010, 52 (3): 296 – 303.

[167] 任恢忠. 物质·意识·场 [M]. 上海: 学林出版社, 1999.

[168] Dimaggio P J, Powell W W. The iron cage revisited: institutional isomorphism and collective rationality in organizational fields [J]. American Sociological Review, 1983, 48 (2): 147 – 160.

[169] 潘德冰. 社会场论导论——中国: 困惑、问题及出路 [M]. 武汉: 华中师范大学出版社, 1992.

[170] 潘德冰. 场态经济学 [M]. 武汉: 湖北人民出版社, 1994.

[171] 伊丹敬之, 加护野忠男. 经营学入门 (第 3 版) [M]. 北京: 华夏出版社, 2019.

[172] 王国红, 邢蕊, 唐丽艳. 基于知识场的产业集成创新研究 [J]. 中国软科学, 2010 (9): 96 – 107.

[173] 王国红, 方明, 邢蕊. "成长场" 对集群企业成长的作用分析 [J]. 科学与科学技术管理, 2011, 32 (9): 138 – 145.

[174] 周荣, 喻登科. 基于场态效应的产业网络演化模型——兼论传统产业升级和新新型产业培育模式 [J]. 科技进步与对策, 2015, 32 (20): 62 – 68.

[175] 于波. 基于场论的中小型制造企业合作生成机制研究 [D]. 北京交通大学, 2021.

[176] 刘军. 整体网分析讲义 [M]. 上海: 世纪出版集团, 2009.

[177] Laura G, Caroline H, Barry W. Studying online social

networks [J]. Journal of Computer - Mediated Communication, 1997, 3 (1): 313 - 320.

[178] Jiwoon H, Sang - Wook K, Christos F. Ananalysis on information diffusion through Blog Castina blogosphere [J]. Information Sciences, 2015 (290): 45 - 62.

[179] Freeman L C. Centrality in social networks: Conceptual clarification [J]. Social Networks, 1979, 1 (3): 215 - 239.

[180] Watts D J, Strogatz S H. Collective Cynamics of "Small - World" Networks [J]. Nature, 1998, 393 (6684): 440 - 442.

[181] Barabási A L, Albert R. Emergence of Scaling in Random Networks [J]. 1999, 286 (5439): 509 - 512.

[182] Newman M. The structure and Function of Complex Networks [J]. SIAM Review, 2003, 4 (2): 167 - 256.

[183] 李金华. 网络研究三部曲: 图论、社会网络分析与复杂网络理论 [J]. 华南师范大学学报 (社会科学版), 2009, 41 (2): 136 - 138.

[184] Newman M. Detecing community structure in networks [J]. European Physical Journal B, 2004, 38 (2): 321 - 330.

[185] Newman M, Barabasi A, Watts D J. The Structure and Dynamics of Networks [M]. New Jersey: Priceton University Press, 2006.

[186] 王莉, 程学旗. 在线社会网络的动态社区发现及演化 [J]. 计算机学报, 2015, 2 (38): 219 - 237.

[187] Yu P S, Han J, Faloutsos C. structure and evolution of online social networks [Z]. 2010.

[188] 巴志超, 李纲, 毛进, 等. 微信群内部信息交流的网络结构、行为及其演化分析——基于会话分析视角 [J]. 情报学报, 2018, 37 (10): 1009 - 1021.

[189] Karan R, Biswal B. A model for evolution of overlapping community networks [J]. Physica A: Statistical Mechanics and its Applications, 2017, 474: 380 - 390.

[190] 卢华玲，周燕，唐建波. 基于复杂网络的虚拟品牌社区演化研究 [J]. 图书馆学研究，2014，13：13 - 31.

[191] 李立峰. 基于社会网络理论的顾客创新社区研究——成员角色、网络结构和网络演化 [D]. 北京交通大学，2017.

[192] 罗家德. 社会网分析讲义 [M]. 北京：社会科学文献出版社，2010.

[193] 尚丽维. 在线医疗社区信息交互关系网络关键节点影响力研究 [D]. 吉林大学，2020.

[194] 王闯，王亚民. 基于K核分解的网络知识社区关键用户挖掘研究 [J]. 情报理论与实践，2019，42 (6)：149 - 153.

[195] Peng W, Luo Y. Managerial Tie and Firm Performance in a Transition economy: The Nature of a Micro - macro Link [J]. Academy of Management Journal, 2000 (43): 486 - 501.

[196] Florin J, Luabatkin M, Schuzle W. A Social Capital Model of High - growth Ventures [J]. Academy of Management Journal, 2003, 46: 374 - 384.

[197] Hackman J R, Morris C G. Group tasks, group interaction process, and group performance effectiveness: A review and proposed integration [J]. Advances in experimental social psychology, 1975, 8: 45 - 99.

[198] Carillo K, Okoli C. Generating quality open content: A functional group perspective based on the time, interaction, and performance theory [J]. Information & Management, 2011, 48: 208 - 219.

[199] Crowston K, Wei K, Howison J, et al. Free/Libre open -

source software development: What we know and what we do not know [J]. ACM COMPUTING SURVEYS, 2012, 44 (2).

[200] Viswanath B, Mislove A, Cha M. On the Evolution of User Interaction in Facebook: ACM Workshop on Online Social Networks [Z]. ACM, 2009.

[201] 李慧，王宗峰．虚拟社区中意见领袖的识别模型研究[J]．电化教育研究，2013，238 (2)：42-46.

[202] Kratzer J, Lettl C. A Social Network Perspective of Lead Users and Creativity: An Empirical Study among Children [J]. Creativity and Innovation Management, 2010, 17 (1): 26-36.

[203] Kratzer J, Lettl C. Distinctive Roles of Lead Users and Opinion Leaders in the Social Networks of Schoolchildren [J]. Journal of Consumer Research, 2009, 36 (4): 646-659.

[204] 平亮，宗利永．基于社会网络中心性分析的微博信息传播研究——以 Sina 微博为例 [J]．图书情报知识，2010 (6)：94-99.

[205] 逯万辉，谭宗颖．基于显性——隐性二元关系的学术社区发现方法研究 [J]．情报科学，2018，36 (1)：130-134.

[206] Chau M, Xu J. Business Intelligence in Blogs: Understanding Consumer Interactions and Communities [J]. MIS Quarterly, 2012, 36 (4): 1189-1216.

[207] 张海涛，周红磊，张鑫蕊，等．在线社交网络的社区发现研究进展 [J]．图书情报工作，2020，64 (9)：142-152.

[208] Short J, Williams E, Christie B. The social psychology of telecommunications [M]. London: John Wiley & Sons, 1976.

[209] Han S, Min J, Lee H. Antecedents of social presence and gratification of social connection needs in SNS [J]. International Journal of Information Management, 2015, 35 (4): 459-471.

［210］ Kim J, Kwon Y, Cho D. Investigating factors that influence social presence and learning outcomes in distance higher education [J]. Computers & Education, 2011, 57 (2): 1512 – 1520.

［211］ 袁勤俭，朱哲慧，张一涵．信息系统实证研究的 20 种重要理论与应用［M］．北京：机械工业出版社，2020.

［212］ Yoo Y, Alavi M. Media and group cohesion: Relative influences on social presence, task participation, and group consensus [J]. MIS Quarterly, 2001, 25 (3): 371 – 390.

［213］ Tseng F C, Huang H C, Teng C. How do online game communities retain gamers? Social presence and social capital perspectives [J]. Joural of Computer – mediated Communication, 2015, 20 (6): 601 – 614.

［214］ Lazarsfeld P, Berelson, Gaudet H B. The People's Choice: How the Voter Make Up His Mind In a Presidential Campaign [M]. New York: Columbia University Press, 1968.

［215］ Jain L, Katarya R. Discover opinion leader in online social network using firefly algorithm [J]. Expert Systems with Applications, 2019, 122 (5): 1 – 15.

［216］ 安璐，胡俊阳，李纲．突发事件情境下社交媒体高影响力用户画像研究［J］．情报资料工作，2020，41（6）：8 – 18.

［217］ 杨瑞仙，于政杰，钟茜，等．网络社区核心用户识别研究：概念、方法与展望［J/OL］．情报理论与实践．（2021 – 11 – 15）．https://kns.cnki.net/kcms/detail/11.1762.G3.20211111.1605.002.html.

［218］ 邢小云．在线社会网络结构演化及其对信息传播影响研究［D］．合肥工业大学，2012.

［219］ Tang L, Liu H, Zhang J. Identifying Evolving Groups in Dynamic Multi – Mode Networks [J]. IEEE Transactions on Knowledge and Data Engineering, 2012, 1 (24): 72 - 85.

[220] 吴江. 社会网络的动态分析与仿真实验——理论与应用 [M]. 武汉: 武汉大学出版社, 2012.

[221] 胡海波. 在线社会网络的结构、演化及动力学研究 [D]. 上海交通大学, 2010.

[222] Bollobás B. Random Graphs [M]. London: Academic Press, 1985.

[223] Leskovec J, Kleinberg J, Faloutsos C. Graph Evolution: Densification and Shrinking Diameters [J]. ACM Transactions on Knowledge Discovery from Data, 2007, 1 (1): 2 - 42.

[224] Brzozowski M J, Sandholm T, Hogg T. Effects of Feedback and Peer Pressure on Contributions to Enterprise Social Media: ACM International Conference on Supporting Group Work [Z]. 2009.

[225] Macy M W. Chains of Cooperation: Threshold Effects in Collective Action [J]. American Sociological Review, 1991, 56 (6): 730 - 747.

[226] Byron K, Khazanchi S. Rewards and Creative Performance: A Meta - Analytic Test of Theoretically Derived Hypotheses [J]. Psychological Bulletin, 2012, 138 (4): 809 - 830.

[227] Chen C J, Huang S. What Factors Influencing Members' knowledge Sharing and Community Promotion in Professional Virtual Communities [J]. Information & Management, 2010, 47 (4): 226 - 236.

[228] 陈爱辉, 鲁耀斌. SNS 用户活跃行为研究: 集成承诺、社会支持、沉没成本和社会影响理论的观点 [J]. 南开管理评论, 2014, 17 (3): 30 - 39.

[229] Tsai H T, Bagozzi R P. Contribution Behavior in Virtual Communities: Cognitive, Emotional, and Social Influences [J]. MIS

Quarterly, 2014, 38 (1): 143-163.

[230] Ragin C C, Strand S I. Using Qualitative Comparative Analysis to Study Causal Order Comment on Caren and Panofsky [J]. Sociological Methods & Research, 2008, 36 (4): 431-441.

[231] 杜运周，贾良定. 组态视角与定性比较分析（QCA）：管理学研究的一条新道路 [J]. 管理世界，2017（6）：155-167.

[232] 程建青，罗瑾琏，杜运周，等. 制度环境与心理认知何时激活创业？——一个基于QCA方法的研究 [J]. 科学与科学技术管理，2019，40（2）：114-131.